投資と
お金と
未来

ニッポン社会のほんとの正体

堀江貴文

徳間書店

はじめに

いま日本はどうなっているのか？　日本にはどんな希望があり、どんな危機が迫っているのか？　そしてその希望や危機の根っこにはなにがあるのか？

本書は日本の現在地を正しく理解するための教科書である。私なりに重要だと思われる45個のトピックを厳選し、それぞれの本質を見据えながら解説してみた。だれでも理解できるように、基礎中の基礎からわかりやすく記している。ぜひ楽しんで読んでもらいたい。そして楽しむだけではなく、あなたの血肉になるなら著者として望外である。

この2024年8月5日、日経平均株価は過去最大となる4451円の下げ幅を記録。歴史的な急落に見舞われた。新NISA《ニーサ》（少額投資非課税制度）がはじまり、投資ブームが過熱している最中の大暴落だ。マスコミもSNSも蜂の巣をつついたような騒ぎとなった。

なかには真っ青になり、慌てて狼狽売《ろうばいう》りした投資初心者もたくさんいただろう。投資に絶対はない。絶対はないが狼狽売りはいちばんの悪手だ。

上がれば、いつか下がる。下がっても、いつかは上がる。あなたの人生に好不調の波があるように、株価もめまぐるしく移り変わる。そして何年かに1度は大暴落や急騰といったイベントが起きる。場合によっては立て続けに起きることだってある。

いまこの原稿を書いているのは、2024年8月の終わりだ。現在、日経平均株価は8月5日の歴史的大暴落から一転し、今度は歴史的なV字回復を見せている。

しかしこの原稿が本となり、あなたの手元に届くころには、ふたたび急落しているかもしれない。そして性懲《しょうこ》りもなくマスコミやSNSがまた大騒ぎしているかもしれない。くだらない。一喜一憂するのは愚かだ。投資の鉄則は長期保有である。値動きにいちいち左右されず、気長に保有しておけばいいのだ。

株価は5年、10年、20年と時間が経つにつれて、全体として上昇する傾向が強い。ほかならぬ歴史がそれを証明している。その歴史を知らない人がパニックになる。狼狽売りに走る。そして損をするのである。

投資にかぎった話ではない。すべての過ちは、無知が招く。そして無知は搾取される。世の中はあたまのいい人が得するようにできている。残酷だが、それが真実だ。だから知ろう。世の中にはさまざまな働き方があり、さまざまなルールがあり、さまざまな制度がある。あなたがいま生きている社会は雑多であり、多様だ。雑多で多様なのが社会というものだ。

だから知ろう。あなたにとってなにが得なのか、なにが損なのか。そしてそれはどうしてなのか？　知れば知るほどあなたの人生は豊かになる。必ず豊かになるのである。世の中はそういうふうにできている。

いま、日本経済に大きな光が差している。この30年にわたり続いてきた暗いトンネルを私たちは抜ける。その根拠もこの本に存分に記してある。

これからあなたの元にもさまざまなチャンスが舞い込むだろう。大切なのはそれをいかに正しくキャッチするかだ。本書はそのための手引きになるはずだ。

堀江貴文

・本書に掲載されている情報は、情報提供を目的としたものであり、
特定商品についての投資の勧誘や売買の推奨を目的としたものではありません。
・本書に掲載されている情報は、2024年8月時点の情報であり、
今後変更される可能性があります。
・本書に掲載されている情報を利用したことでなんらかの損害が生じたとしても、
著者および出版社はその責任を負いかねます。投資の判断は自己責任で行ってください。

ニッポン社会のほんとの正体

投資とお金と未来

目次

はじめに —— 1

第1章

「投資」は希望だ

お金が増えるセオリー

第2章

「お金」の真実

知らなきゃ損する裏側

第3章

「ビジネス」の勝算

やっていいこと、悪いこと

第4章

「日本人の知性」の危機

だます人、だまされる人

第5章

「権威」はヤバい

日常にひそむ罠

第 1 章

「投資」は希望だ

お金が増える
セオリー

日本経済の暗黒時代は終わった

2024年2月22日、日経平均株価が3万9098円まで上昇し、バブル経済期の1989年末につけた史上最高値を上回った。実に34年ぶりの最高値更新であり、日本経済復活の兆しとして多くのメディアも祝福ムードで報じた。そして同3月には4万円の大台もあっさり突破。同8月にいちど大きく下落したがすぐに持ち直し、いま調整局面が続いている。しばらく乱高下を繰り返しながら、やがて5万円の大台に手をかけるだろう。

2024年に入ってからこの高騰についてさまざまな見解が飛び交っているが、ここは素直に快挙と見なしていいだろう。ただし、日本のポテンシャルからすればまだまだ物足りない。

バブル崩壊からいまにいたる暗黒時代、いわゆる「失われた30年」がやっと終わろうとしているだけだ。

2000年以降、世界の富の総量は空前のスピードで増えている。かつて世界の富は「人口増加」にともなって増えていた。しかしその単純な構図はIT革命を機に大きく変わる。いま富をもたらすのは人口増加ではない。「イノベーション」である。特にここ10年は、スマホ、SNS、AIによるイノベーションが莫大な富を生み出してきた。

スマホ、SNS、AIの最大の功績は、情報の民主化だ。だれもが必要な情報にアクセスでき、それを自由に応用できるようになった。つまり、あるイノベーションが起きると、たちどころに次の新しいイノベーションが起きるわけだ。その連鎖によって、世界の富は指数関数的に拡大している。

いまのそうした富の象徴が、GAFAM（Google、Apple、Facebook ※現Meta、Amazon、Microsoft）である。アメリカ経済の強さは、これら巨大IT企業の強さにほかならない。

かたや日本はどうだろう。バブル経済崩壊後、世界を巻き込むようなイノベーションをなにか起こせただろうか。ノーだ。ノーインパクトである。まさに失われた30年、空白の30年だった。その間、日本は世界経済からすっかり取り残されてしまった。

アメリカの代表的な株価指数、ダウ平均株価（いわば日経平均株価のアメリカ版）を見てみよう。日経平均株価がかつて史上最高値をつけた１９８９年末のダウ平均株価は２７５３ドル。ではそこから34年経ったいまはどうなっているか。

２０２４年５月17日、ダウ平均株価は４万３ドルをつけた。史上初となる４万ドルの大台突破である。

２７５３ドルから４万ドル。つまりこの34年で15倍の成長だ。一方、日経平均株価は34年前の水準に返り咲いたにすぎない。

企業の株式時価総額にも日米の成長差は歴然とあらわれている。日本のバブル経済絶頂期の１９８９年、世界の時価総額ランキングの上位10社のうち７社が日本企業だった。当時、世界１位に君臨していたのはＮＴＴで、時価総額は１６３８億ドル。

これが２０２３年のランキングになると、上位10社のうち９社がアメリカ企業になり代わっている。世界１位はアップルで、その時価総額は２兆６０９０億ドル。かつてのＮＴＴの株価など比較にならない。

２０２３年の同ランキングにおいて日本企業のトップはトヨタ（時価総額２３１０億ドル）。だが、全体の39位に甘んじている。そして日本企業で上位１００社に入っているのはこのトヨタだけだ。

アメリカを中心とする世界的な富の増加率は圧倒的だ。それに引き換え、日本の周回遅れぶりはきわめて深刻である。

しかし、30年かかろうがなんだろうが、再スタートのフェーズが訪れたのは間違いない。日経平均株価はさらなる上昇機運にある。まずはそのことを素直に喜びたいし、評価したい。

そしてこれからが本番だ。日本経済はあらゆる面で大きな転換期をむかえている。断言するが、勝算は十分にある。以降、その理由について述べたい。

上場企業時価総額ランキング

1989年の上場企業時価総額ランキング			
順位	企業名	時価総額（億ドル）	国名
1	NTT	1,638	日本
2	日本興業銀行	715	日本
3	住友銀行	695	日本
4	富士銀行	670	日本
5	第一勧業銀行	660	日本
6	IBM	646	アメリカ
7	三菱銀行	592	日本
8	エクソン	549	アメリカ
9	東京電力	544	日本
10	ロイヤル・ダッチシェル	543	イギリス

2024年の上場企業時価総額ランキング（※2024年08月）			
順位	企業名	時価総額（億ドル）	国名
1	アップル	34,669	アメリカ
2	エヌビディア	31,559	アメリカ
3	マイクロソフト	30,764	アメリカ
4	アマゾン・ドット・コム	18,169	アメリカ
5	サウジアラムコ	17,961	サウジアラビア
6	メタ・プラットフォームズ	11,340	アメリカ
7	アルファベット（A）	9,648	アメリカ
8	アルファベット（C）	9,292	アメリカ
9	TSMC	8,844	台湾
10	イーライリリー	8,594	アメリカ
…	……	……	…
39	トヨタ自動車	2,501	日本

経済産業省、Yahoo! ファイナンスのデータを基に編集部で作成

株主軽視の呪縛は解かれた

日本をよそに、他の主要な先進国では過去30〜40年のあいだに株価が数倍、場合によっては10倍以上の成長を遂げている。

ドイツの代表的な株価指数、DAX《ダックス》は1989年末が1790ポイント。それが2024年には1万8000ポイント前後を推移。さきほど紹介したアメリカが15倍なら、ドイツも10倍の成長だ。

この間、日本はほぼ成長していない。過去34年間をまるまる棒に振ってしまった。

しかし、それはもう過ぎたことだ。嘆いても仕方ない。ここから先、日本の反転攻勢がはじまるだろう。

技術、経験、知力、人材。そもそもそのどれをとっても日本企業は優れている。だからこそかつて「ジャパン・アズ・ナンバーワン」と世界がうらやむ経済大国になりえたのだ。

ポテンシャルはある。しかしそれを発揮できていない。それが近年の日本だ。ならばそのぶん、とうぜん大きな伸びしろがあるわけだ。


日本経済を停滞させた要因として「ＪＴＣ」と俗に呼ばれる企業の存在がある。ＪＴＣとは「Japanese Traditional Company」の略で、そのまま訳せば、日本の伝統的な企業、ということになる。

ようするに、年功序列、終身雇用、生え抜き主義など、昭和気質《かたぎ》の古い習慣にいまだにとらわれている大企業のことだ。ＪＴＣは人材や事業の流動性が乏しく、内向きで、目先の自社利益ばかり優先する傾向がある。

となると、とうぜん株主の利益は軽んじられるわけだ。経営姿勢としてそれは最悪である。自分で自分の首を絞めているようなものだ。


企業の所有者は株主であり、企業（経営者）は株主の利益の最大化を目指す――。それが資本主義経済における企業経営の鉄則だ。成功のロールモデルなのだ。

資金調達のためには、株主から出資を得るのがいちばん手っ取り早い。だからアメリカの上場企業は株主にどんどん利益還元する。それがさらに大きな出資獲得につながるからだ。アメリカ企業はそうやって目まぐるしく資本を還流させて急速な事業拡大を遂げる。そして社会的なイノベーションを果たす。

株主の利益の最大化が、自社の利益の最大化になる。あたりまえの話だ。単純な理屈である。

でも、ＪＴＣの経営陣はその単純な理屈を退けてきた。株主のほうを向いた経営をしてこなかった。それはなぜか？　強い株主は時として経営者の立場をおびやかす。終身雇用や年功序列といった旧来の制度もおびやかす。そのリスクを嫌ったのだ。社内秩序を維持したい。ようは身内だけで甘い汁を吸いたい。それが彼らの本音だった。

だから、日本では「株式持ち合い」なんていうバカげたやり口がはびこる。株式持ち合いとは、企業同士が任意でお互いの株式を大量保有することをいう。つまりほかに大株主（議決権を持つ株主）が生まれにくい状況を強引につくってしまう。そうやってだれからも経営に口出しされないようにするわけだ。

ＪＴＣはこの株式持ち合いをはじめ、あれこれ策をめぐらして株主を適当にあしらってきた。株式会社の基本的な原則である「所有と経営の分離」は有名無実に等しい状態だった。

となると、とうぜん企業価値は向上しない。ダイナミックでスピーディな資金調達は不可能だ。それでイノベーションなど起こせるはずがない。かくしてＪＴＣは国際競争で大きな後れを取るはめになった。

「失われた30年」とは、ＪＴＣが株主を軽視し、その報いを受けた30年ともいえる。日本を代表する企業がただ足踏みするばかりの30年。経済は停滞し、日経平均株価も低迷するのはあたりまえだ。

しかし、その株主軽視の呪縛はようやく解かれつつある。ますます過熱する証券市場のグローバル化を背景に、証券取引所や機関投資家が企業価値についてより厳しい目を向けはじめた。いま多くの企業が株主重視の経営にシフトしている最中だ。

これから日本企業はみずから殻を破り、そのポテンシャルを発揮していくことになる。今後、株価が大きく躍進してもなんらおかしくない。私は希望を感じている。

日経平均株価とダウ平均株価の推移

30年以上かけて、バブル期の水準に「やっと戻った」

30年で15倍もの「大幅な成長」を遂げた

完全なる投資家ファーストの到来

東京証券取引所（東証）は2022年4月、市場区分をそれまでの4つ（東証一部、東証二部、マザーズ、ジャスダック）から3つ（プライム、スタンダード、グロース）に再編した。およそ60年ぶりとなる大再編だ。

上場基準をより厳格に定め、各市場区分の特色を明確にする。それが再編のポイントである。投資家がより利用しやすい市場に改良し、国内外から多くのマネーを呼び込む狙いだ。

さらに東証は2023年3月、プライム市場とスタンダード市場に上場する全企業（約3300社）に経営改善要請の通知文を送った。

企業価値向上に重きを置き、株価がさらに上がるような経営を求める——。通知文に記された要請をひと言でまとめるとそうなる。[※1] 証券取引所が各企業の経営にそうや

※1 東京証券取引所「資本コストや株価を意識した経営の実現に向けた対応等に関するお願いについて」（2023年3月31日）

って具体的に踏み込むのは異例中の異例だ。

東証によれば、プライム市場の約半数の企業、スタンダード市場の約6割の企業がROE8%未満、PBR1倍割れだという（2023年3月末時点）。これはたしかに由々《ゆゆ》しき状況である。

ROE＝自己資本利益率とは、株主の出資を元手に、その企業がどれだけ利益を出したのかを示す指標だ（単位は%）。

ROEが高いほど、資本をうまく使って効率よく稼げていることになる。日本の上場企業の場合、ROEの中央値は8%前後だ。8%を切るようだと、経営効率が悪いと見なされる。

PBR＝株価純資産倍率とは、その企業の株価と純資産（資産の総額から負債の総額を差し引いたもの）の比率を示す指標だ（単位は倍）。株価がその企業の資産価値に対して割安か割高かを判断する目安になる。

PBRが1倍の場合、株価と純資産は等しい状態にある。つまりその企業が解散（廃業）すると、株主に投資額がそのまま戻ってくる。

ＰＢＲが１倍を超える場合、株価は純資産に比べて高い状態だ。つまり株式が割高で売買されている。投資家から将来性を期待されている証拠だ。

ＰＢＲが１倍未満の場合、株価は純資産に比べて低い状態だ。つまり株式が割安で売買されている。これは経営としてマズい。なぜなら事業継続するより、解散して資産分配したほうが株主の利益になるからだ。

前述したように、プライム市場の約半数の企業、スタンダード市場の約６割の企業がＲＯＥ８％未満、ＰＢＲ１倍割れだ。それだけの企業が株主資本を効率的に活用できていないわけだ。株主の期待を裏切っているのだ。

東証はその状況を踏まえ、さきの通知文で「経営者の資本コストや株価に対する意識改革が必要」とし、「経営改善計画の策定・開示・実行」「株主との積極的な対話」を強く要請している。そのための具体的な実施フローまで提示する念の入れようだ。

企業価値向上のための取り組みを徹底しろ。株主軽視の経営から脱却しろ。ようするにそう迫っているわけだ。

さらに２０２３年７月、プライム市場に上場する企業のうち、東証の改善要請に応えた優良１５０企業で構成される株価指数、ＪＰＸプライム１５０も新規スタート。

そこに選定されれば、付加価値がじゅうぶん見込める企業とのお墨付きを得ることになる。かたや選外の企業は、力不足、努力不足だ。構成銘柄は年に１回入れ替えられる。ＪＰＸプライム１５０は、経営効率の優劣を可視化する通信簿のようなものだ。

東証の一連の市場改革により、経営者はかつてないプレッシャーにさらされている。自社のポテンシャルを最大限に発揮し、企業価値向上を果たさなければ、大企業であろうと居場所はなくなる。

そして圧力を強めているのは東証だけではない。機関投資家（法人の大口投資家のこと）も利益の最大化を求め、手厳しい意思表示を見せはじめている。ＲＯＥ８％未満やＰＢＲ１倍割れの企業の社長再任に反対する動きがいま活発化しているのだ。[※2]今後、大物経営者が株主総会で次々と解任されることもありえる。

市場は完全な投資家ファーストに変貌しつつある。それにともない経営者の意識も大きく変わってきた。実際、決算時に改善策を公開する企業も増えている。すみやかな経営改革こそが多額の資金調達を可能にする。企業としてもここが勝負所だ。

株式市場も日本経済もまさにいま力強く上昇しようとしているのである。

※2　日本経済新聞「運用大手２社、PBR１倍割れ企業の『社長』再任に反対」（2024年３月７日）

PBR（株価純資産倍率）とは

PBR
（株価純資産倍率）
＝ **株価** ／ **1株**当たり**純資産**

PBR＝1倍 → 株価は **「適正価格」**

PBR＝1倍超え → 株価は **「割高」**

PBR＝1倍未満 → 株価は **「割安」**

株式市場を堕落させたマスコミの罪

前項で説明したように、PBR（株価純資産倍率）とは、その企業の株価と純資産（資産の総額から負債の総額を差し引いたもの）の比率を示す指標だ（単位は倍）。PBRが1倍未満の場合、その企業の株価は純資産に比べて低い状態にある。つまり市場から企業価値がないと烙印《らくいん》を押されている状態だ。

であれば本来、PBR1倍割れが長引くような企業のたどる道は2つだ。解散（廃業）するか、買収されるか、そのどちらかである。

有益な企業は残り、そうでない企業は消える。健全な市場とはそういうものだ。企業はそこで切磋琢磨し、より良い経営を目指す。そうして社会貢献を果たしていくのである。

ところが日本はそうなっていない。PBR1倍割れの企業がたくさん存続している。いびつで不健全な市場がずっとまかり通ってきた。前述したとおり、企業同士のなれ合い、もたれ合い、そして株主軽視の経営がまかり通ってきた。

そしてそこに大きく加担したのがマスコミである。マスコミは活発な投資家に睨みを利かせ、時にハゲタカファンドと呼んで蔑《さげす》み、悪者あつかいしてきた。

彼らが言うハゲタカファンドとは、倒産寸前の企業を安く買収し、その企業の資産をなにからなにまで売却することで利益を得るような企業買収ファンドのことを指す。

たしかにそうした買収ファンドのやり方は容赦がない。買収した企業を再生させる意思はなく、買収金額と売却金額の差額でいかに稼ぐかがすべてだ。冷酷といえば冷酷だろう。でもだからといって、それでハゲタカ呼ばわりされるいわれはない。

その企業の株価が業績不振によって割安になっている。だから買収した。それだけの話である。あくまで株式のルールにのっとった取引だ。むしろここで問題なのは買収される側だろう。株価が下がっているから買収されるのだ。経営に問題があるから買収されるのである。ならばまずは経営者の経営責任が問われるべきだ。

しかしマスコミはそうは見なさない。かたくなに買収される側の肩を持つ。**「金の亡者であるハゲタカファンド」と「マネーゲームに巻き込まれた悲運の企業」。おおかたそんな構図で報じるわけだ。悪質な印象操作である。**

マスコミのその手の印象操作は対ハゲタカファンドにかぎらない。たとえば急成長したＩＴ企業が事業拡大を目指し、異業種の買収に乗り出すようなケースでも似たような構図を描いた。

買収はネガティブな行為。特に敵対的買収（買収対象の経営者の同意を得ずに買収すること）はネガティブ極まりない行為。マスコミはそう煽《あお》り、買収＝悪のイメージを世の中に植え付けていった。

どんな投資家だろうと人間だ。世間の非難を浴びれば、身動きが取りづらくなる。買収に及び腰になってしまう。結果として本来、淘汰《とうた》されるべき企業が存続していく。かくして日本の市場の健全性は損なわれてきた。企業価値も株価も向上しないのはとうぜんだ。マスコミこそが日本経済を堕落させた主犯だろう。

１９９６年、孫正義さん率いるソフトバンクは、メディア王ルパート・マードック氏率いるニューズ・コーポレーションと合弁会社を設立し、全国朝日放送（現テレビ朝日）の買収に乗り出した。日本のテレビ局に対する史上初の敵対的買収だった。

孫さんたちは全国朝日放送の株式21・４％を取得し、筆頭株主になる。だがこれが政界まで巻き込む騒動に発展。結局、すったもんだの末、買収は失敗に終わった。

また、ご存じの人も多いと思うが、かつてライブドアを率いていた私もフジテレビを買収しようとした。通信と放送の融合を目指したのだ。２００５年のことである。当時、私たちはフジテレビの親会社だったニッポン放送の株式35％を取得し、筆頭株主になった。しかし、そこからフジテレビのなりふり構わぬ抵抗にあい、孫さんたちと同様、最後は買収をあきらめざるを得なかった。

フジテレビの反発もそうだが、報道の過熱ぶりも異常だった。既得権益のためには手段を選ばないのがマスコミだ。その恐ろしさを私は身をもって実感した。

しかし、もはやそれも懐かしい過去の話だ。時代はすっかり変わりつつある。いまやマスコミは斜陽産業と呼ばれる始末。近年、民放キー局5社のＰＢＲは軒並み1倍割れである。もはや彼らにかつてほどの影響力はない。

最近では敵対的買収も珍しくなくなった。買収に対する否定的な報道もほとんど見かけなくなった。その種の非難はナンセンスだと多くの人が気づいたのだと思う。

マスコミの干渉から解放され、株式市場は今後ますます活発で健全な機能を果たしていくだろう。投資家はもちろん、日本経済全体にとっても喜ばしいことだ。

民放キー局５社のPBR（株価純資産倍率）

企業名	PBR
フジ・メディア・ホールディングス	0.43倍
テレビ朝日ホールディングス	0.47倍
TBSホールディングス	0.59倍
日本テレビホールディングス	0.65倍
テレビ東京ホールディングス	1.05倍

（2024年8月27日時点）

「オルカン」「S&P500」は買うな

いま日本は空前の投資ブームだ。これまで投資に無関心だった人が次々と投資による資産形成をはじめている。ブームの発端は２０１９年に沸き起こった「老後２０００万円問題」だろう。[※3]当時、それで日本中が大騒ぎ。老後の生活資金にまつわる不安が一気に拡がった。皮肉な話だが、そこから人々の投資熱が高まった感がある。

このさき年金の給付水準はさらに下がるだろう。貯蓄に励んでも超低金利だからお金はほぼ増えない。じゃあ自分の老後の暮らしはどうなる？　ウェブ記事やユーチューブを見ると、今後は投資で資産形成し、自己防衛する時代だと言っている。なら、とりあえずやってみよう。――そんな具合に投資をはじめる人が増えたのだと思う。

そうした投資初心者の大半はＮＩＳＡ《ニーサ》（少額投資非課税制度）を利用している。ＮＩＳＡは２０１４年から導入された金融庁肝いりの税制優遇制度だ。[※4]税制優遇もそうだが、

※3　金融庁の報告書「高齢社会における資産形成・管理」（2019年6月3日）にて、老後の生活を維持するには公的年金だけでは足りず、夫婦ふたり世帯で別途1300万～2000万円程度必要になるという指摘がなされ、大きな物議をかもした。

少額から気軽に投資できる仕組みになっていて、庶民にすれば魅力的だろう。

導入当初は利用者数が伸び悩んだが、徐々に認知度があがり、さきの老後2000万円問題、さらにこの1～2年の株高に対する期待、あるいは為替動向に対する不安が相まって、利用者が急拡大している。


なによりこの投資ブームの決定打になったのが、2024年1月からスタートした新NISAだ。従来のNISA（旧NISA）に大幅な改良が施され、使い勝手も運用スケールも格段に向上。利用者にとってメリットずくめのグレードアップを遂げた。

大きな改良点は2つだ。ひとつは、生涯投資枠（非課税で投資できる限度額）が1人当たり1800万円に増額されたこと（旧NISAは最大800万円）。そしてもうひとつは、運用利益の非課税保有期間が無期限になったこと、つまり永久に税金がかからなくなったこと（旧NISAは最大20年）。

この新NISAは「新しい資本主義」を標榜《ひょうぼう》する政府の目玉政策のひとつだ。国民それぞれのお金をより多く株式市場に移し、日本経済の成長をうながす狙いである。その狙いの妥当性はともかく、魅力的な制度改良なのは間違いない。

2024年1月の新NISA開始以降、NISA口座の開設数は一気に加速。旧N

※4　通常の投資では得られた運用利益に20.315％の税金（所得税15％、住民税5％、復興特別所得税0.315％）がかかるが、NISAではその税金が一切かからない。

ＩＳＡ時代の約３倍のペースで増加している。[※5] 将来の暮らしに不安を感じている人は、試してみる価値はあると思う。

ＮＩＳＡというのは単なる制度だ。お金の運用口座にすぎない。さて、ではＮＩＳＡでなにを買えばいいのか。どこに投資すれば儲かりやすいのだろうか。

いま人気の運用商品はインデックスファンドだ。インデックスファンドとは、株価指数（インデックス）などの指標に連動するように作られている投資信託のことだ。劇的なリターンは期待できないが、リスクが比較的低く、手数料（運用管理費）が安いのが利点。将来に備えた手堅い長期運用を目指すなら、打ってつけの商品だろう。

なかでも特に人気なのは、全世界の株式に分散投資するタイプの商品と、米国株式の株価指数のひとつ、Ｓ＆Ｐ５００に連動する投資成果を目指すタイプの商品だ。

前者は全世界（約３０００銘柄）に分散させるため、理屈上、リスクを極限まで抑えられる。その全世界株型でいちばんの人気を誇るのが『ｅＭＡＸＩＳ《イーマクシス》 Ｓｌｉｍ《スリム》 全世界株式（オール・カントリー）』という商品。通称、オルカンと呼ばれている。

後者は、指標とするＳ＆Ｐ５００の構成銘柄（約５００銘柄）の強さが魅力だ。アップル、マイクロソフト、アマゾン、テスラをはじめとする巨大テックが網羅されてお

※5 日本証券業協会「NISA口座の開設・利用状況（証券会社10社・2024年4月末時点）」

り、米株式市場の時価総額全体の約80％をカバーしている。そのＳ＆Ｐ５００型でいちばんの人気商品は『ｅＭＡＸＩＳ　Ｓｌｉｍ　米国株式（Ｓ＆Ｐ５００）』だ。

新ＮＩＳＡがはじまった２０２４年１月の投資信託の資金流入額において、この２つの商品が全体の約45％を占めている。[※6] 圧倒的シェアだ。いま日本人はこぞってオルカンかＳ＆Ｐ５００に投資しているわけだ。

アメリカ経済は長らく好調であり、米国株もこの30年のあいだ右肩上がりの成長を続けている。だから今後もオルカンかＳ＆Ｐ５００にベットするのが正しい（オルカンもその6割がアメリカ企業株である）――みんなそう考えているのだ。

でも本当にそうだろうか？　あなたの今後何十年にもわたる資産運用においてその2つが本当に最良なのか？　私の考えはノーだ。ほかにもっと有力な投資先がある。たしかにオルカンとＳ＆Ｐ５００はいままでずっと好調だ。特にこの数年は目覚ましいパフォーマンスを示している。しかしその目覚ましさゆえ、今後の伸びしろは限定されるというのが私の見立てだ。

投資において、過去の成果は将来を約束するものではない。過去は幻想だ。大事なのは先を見ることだ。オルカンとＳ＆Ｐ５００だけに将来を託すのは賢明ではない。

※6　日興リサーチセンター「投信概況（2024年1月）」

新NISAの変更点

	つみたてNISA	一般NISA
制度実施期間	2023年末まで	2023年末まで
非課税期間	最長20年	最長５年
１年間の投資上限	40万円	120万円
非課税限度額（生涯）	800万円	600万円
投資商品	金融庁が選定した投資信託・ETF	上場株式・ETF・REIT・投資信託

新 NISA つみたて枠	新 NISA 成長投資枠
恒久化	
無期限	
120万円	240万円
1800万円（うち1200万円を成長投資枠として利用可）	
金融庁が選定した投資信託・ETF	上場株式・ETF・REIT・投資信託（高レバ投信等除く）

いまこそ日本株を買え

全世界株型のインデックスファンド（代表格はオルカンの愛称で呼ばれる『ｅＭＡＸＩＳ《イーマクシス》Ｓｌｉｍ《スリム》 全世界株式（オール・カントリー）』という運用商品）。あるいはアメリカの株価指数、Ｓ＆Ｐ５００を指標とするインデックスファンド（代表格は『ｅＭＡＸＩＳ Ｓｌｉｍ 米国株式（Ｓ＆Ｐ５００）』という運用商品）。いま日本の投資初心者の大半がこの2つの投資信託に群がっている。

「買うならオルカンか？　Ｓ＆Ｐ５００か？」投資関連の書籍でもユーチューブでもウェブ記事でもずっとその話題で持ちきりだ。まるでほかに選択肢がないかのようだ。

でも、そのどちらも今後の期待値はさほど高くないと私は見ている。

この30年、アメリカ経済も米国株もたしかに好調だ。２０００年前後にＩＴバブル崩壊、２００８年にリーマンショックという危機に見舞われたものの、その都度たくましく復活してきた。いま世界の株式時価総額ランキングの上位はほぼアメリカ企業が独占。アメリカの主要な株価指数もどれも見事な右肩上がりで成長している。

たしかにアメリカのパフォーマンスは他の追随を許さないものだ。しかしこれからもその快進撃は続くのだろうか。米国株はさらなる成長曲線をたどるのだろうか。

それについて私は懐疑的だ。むしろかなり怪しいと見ている。そもそも米国株の快進撃はあくまで限られた期間の実績だ。アメリカの株式市場の歴史は約200年。そのうちの直近30年間の現象にすぎない。**その30年だけを切り取り、成長神話を描くのは短絡的である。率直に言ってリスキーだ。**

アメリカの上場企業の多くは、さまざまな株主還元策を積極的に駆使することで爆発的な成長を目指す。なかでも盛んに行われているのが「自社株買い」である。

自社株買いとは、企業がみずから発行した株式を、みずからの資金で買い戻すことをいう。買い戻されたぶん市場に出まわる株式が減るため、株価は上昇する。自社株買いは配当金とならぶ株主還元の柱のひとつである。

2024年における、S&P500構成企業の自社株買い総額は、実に9250億ドル（約140兆円）にのぼる見通しだ[※7]（前年比13％増）。ちなみに日本の国家予算は約1

※7 ゴールドマン・サックスによる調査レポート（2024年3月6日）

10兆円（2024年度）である。

アメリカ企業は自社株買いに膨大な資金を投じながら、拡大路線を突き進む。でも果たしてそれは今後も持続可能なのだろうか。しかもそのスケールは年々膨らむばかりだ。**そろそろ限界を迎えてもおかしくないだろう。じきに成長のポテンシャルが尽きてもなんら不思議ではない**。私はそう見ている。

オルカンやS&P500の成長余地は狭まっていると考えるのが妥当だ（オルカンもその6割が米国株だ）。一方であなたの資産運用はこのさき何十年も続く。米国株に過度な期待は寄せないほうが身のためだ。

冷静に世界を見渡してみよう。このさき有望な投資先はどこか？　大きな成長余地が見込める投資先はどこか？　そう、答えは簡単だろう。**それはあなたが暮らすこの国だ。日本株である**。

前に解説したとおり、日本企業は長らく株主を軽視してきた。「失われた30年」とは、大企業が目先の自己利益ばかり追い、投資家を遠ざけ、企業価値の向上を怠ってきた時代だった。しかしその暗黒時代は終わりを迎えようとしている。

いま日本の株式市場（東京証券取引所）は健全な投資家ファーストに変貌している最

中だ。企業は長年の悪弊《あくへい》を断ち切り、株主重視の経営に生まれ変わる術を模索している。つまりこれまで企業価値向上にまともに取り組んでこなかったがゆえに、大きな成長余地が見込めるのだ。日本株はきっと飛躍的に成長していくだろう。

日本は超高齢化社会に突入した。いまや日本人口の5人に1人が75歳以上の後期高齢者だ。これから日本はますます労働人口が減少する。だから日本経済は縮小するのだと悲観する意見もある。でもそれは誤りだ。もはや人口で稼ぐ時代は終わった。いまはＡＩやロボットの技術革新こそが経済の成長ドライバーである。

そもそも日本企業が持つ技術力と開発力は世界屈指だ。くわえて日本の政情はきわめて安定している。そしてなにより東京証券取引所はアジア最大の市場だ。[※8]日本の欠点を指摘するほうが難しい。

資本主義経済は拡大再生産する仕組みであり、世界経済は長期的には確実に成長する。だからオルカンやＳ＆Ｐ５００でも、お金はそれなりに増えるかもしれない。

でも日本株のほうがはるかに魅力的だ。いま日本企業のポテンシャルに対し、株価は割安である。もし個別株投資に抵抗があるなら、日経平均株価連動のインデックスファンドがおすすめだ。長期運用により、満足できる成果を得られる可能性が高い。

※8　日本経済新聞「東証の株式時価総額、アジア首位返り咲き　上海証取超え」(2024年1月12日)

アメリカ経済の歴史

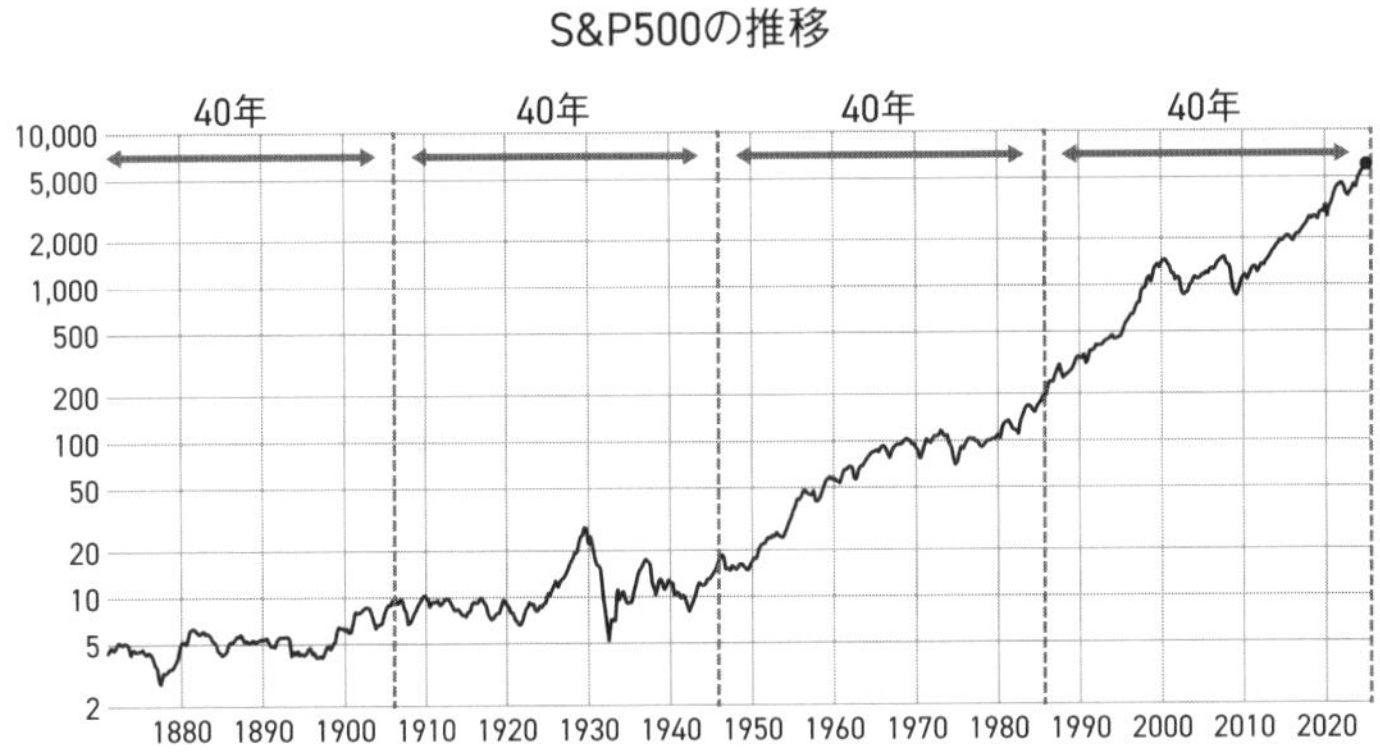

あなたの「資産運用」はこれから30〜40年と長期間にわたる。
アメリカの株式市場の歴史は約200年。そのうち独立した40年間はわずか5回ほど。
たった5つのサンプルだけで「今後もアメリカ市場の株価が伸び続ける」と判断するのは統計学的に無理がある。
過去の実績は、未来の証明にはならないのだ。

NISAは政府の陰謀か

投資や資産運用は金持ちがやるもの。そんな日本人特有の偏見はNISA《ニーサ》（少額投資非課税制度）の普及で払拭されつつある。とくに2024年1月から導入された新NISAは決定的だろう。従来のNISA（旧NISA）が大幅に改良され、庶民の投資熱はかつてないほど高まっている。

新NISAでは、生涯投資枠（非課税で投資できる限度額）が1人当たり1800万円に大幅増。さらにその運用利益の非課税保有期間は無期限になった。

通常の投資の場合、運用利益に対して約20％の税金がかかる。しかし新NISAを利用すると全額免除。何十年運用しようが、それで資産がどれだけ増えようが非課税だ（一般的に長期運用のほうが利益は増えやすい）。永久に非課税である。

なお、生涯投資枠1800万円というのはあくまで買い付け額（元本）。そこに運用利益は含まれない。たとえば15年間投資してあなたのＮＩＳＡ口座の保有資産が３６００万円になったとする。で、そのうち買い付け額が１６００万円だったとする。

　このときの運用利益は２０００万円。それをふくめた３６００万円がまるまるあなたのものになる（通常の投資なら約４００万円の課税）。そして加えてあと２００万円の買い付けができるわけだ。


　庶民の投資を徹底して支援する新ＮＩＳＡ。その優遇ぶりから、政府の大盤振る舞いだと称賛する評論家や投資家も多い。岸田政権の最大で唯一の功績だったなんて声もある。それが大盤振る舞いかどうかはともかく、投資する人にメリットしかないのは事実だろう。

　でも一部に警戒心を示す人もいる。あの強欲な政府が20％もの税金を放棄？　そこまでしてＮＩＳＡを使ってほしいのか？　裏になにかありそうだ。こっそり金を巻き上げる制度なんじゃないか？　そんな言い分だ。話がうますぎるというわけだ。

　たしかにうまい話かもしれない。でもだからといって、政府の悪巧みと見なすのはいかにも浅はかだ。陰謀論者の悪い癖だ。くだらない被害妄想、勉強不足である。

　政府がＮＩＳＡ制度を拡充した最大の狙いは、国民それぞれが所有するお金を社会に大きく循環させたいからだ。

ＮＩＳＡにうながされ、国民それぞれのお金がより多く株式市場に移っていく。そうなれば企業の株価は上昇する。とうぜん国民それぞれの資産所得も増える。すると国民は投資にいっそう積極的になるだろう。

企業は企業で多額の資金を得られるのだから事業を拡大し、生産性を高め、競争力を強化していく。とうぜん株価はさらに上昇するだろう。従業員の賃金も増えるだろう。国民の懐はますます潤い、消費意欲が高まって、景気もどんどん良くなるわけだ。

政府の狙いは、株式市場を通したそのようなお金の大きなうねり、つまり資本の拡大だ。これから日本が高度な経済成長を果たすうえで、国民それぞれの投資活動はマストト。それが政府の考えである。

あたりまえだが投資には元手が必要だ。そして国民はそれをすでに持っている。日本の個人金融資産はおよそ２１２０兆円。そのうち株式・投資信託・債券は19％にすぎず、現金・預金が実に53％を占める。つまり出まわっていないお金がそれだけある。

ちなみにアメリカは株式・投資信託・債券が58％、現金・預金が13％だ。[※9]

※9　日本銀行およびFRB（連邦準備制度理事会）によるデータ（2023年9月時点）

日本は他の先進国に比べて預貯金の割合が飛びぬけて高い。元本確保を重視し、とかくリスクを避けたがるわけだ。日本人の貯蓄信仰はいまだ根強いものがある。

政府はそれを打破し、国民の銀行口座で眠っている巨額のお金を株式市場に呼び込みたい。投資はたしかにリスクをともなう。しかし長期的な資産形成を目指すうえで、投資にまさる手ごろな手段はほかにない。

そこで政府は税制優遇のインセンティブを設け、投資促進に取り組んでいるわけだ。国民のリスク耐性を養い、投資文化を根づかせる。NISAはそのための政策である。

国民それぞれのお金が大量に株式市場をめぐれば、日本の経済成長、個人の資産所得増加が実現する。シンプルなロジックだ。そこに陰謀論の立ち入る余地はない。もしお金を巻き上げたいなら新たな税制をつくればいいだけだ。わざわざ手のかかるNISA制度なんてこしらえる必要はない。

ただし近い将来、生涯投資枠1800万円を超えたぶんの運用利益は増税されるはずだ。現状の税率20％が30％程度に引き上げられてもおかしくない。NISAで大規模な税制優遇を行ったのだ。その穴埋めとして、多額の資産運用をする富裕層への課税強化はやむを得ない。取れるところから取っていくことになるだろう。

NISAの限界

庶民の投資を後押しして日本経済を底上げする。つまり株価を上げ、企業の競争力をつけ、個人の所得を増やす。政府が描くＮＩＳＡ《ニーサ》（少額投資非課税制度）の狙いは、そのような株式市場を通じた持続的な経済成長だ。この２０２４年１月にはじまった目玉政策の新ＮＩＳＡ。効果はてきめんで、新たな投資家を続々と呼び込んでいる。

２０２４年１月〜４月のＮＩＳＡ口座の開設総数は約２００万口座、またＮＩＳＡ口座からの買い付け総額は約６兆円。ともに前年同時期に比べて約３倍の急増ぶりだ。[※5]投資に無関心だった一般層の参入が加速し、まずは政府の思惑どおりだろう。

ではそれがそのまま日本経済の追い風になるのだろうか。残念ながらノーだ。その買い付けの半分は全世界株型や米国株型のインデックスファンドだ。[※10]つまり日本人のお金が海外に流れ、肝心の国内株、国内企業に十分な資金がまわっていない。

※10　日本証券業協会「NISA口座の開設・利用状況（証券会社10社・2024年4月末時点）」
日興リサーチセンター「投信概況（2024年1月）」〜「投信概況（2024年5月）」

日本が持続的な経済成長をなすうえで、ＮＩＳＡはその扉のひとつを開いたにすぎない。ＮＩＳＡだけ活気づいても無意味だ。**真の起爆剤が必要だ。国内株、国内企業に成長資金を送るための起爆剤。それはなにか？　政策金利の大幅な引き上げである。**

政府と日本銀行（日銀）はこの約25年間、低金利政策を続けてきた。銀行の金利を下げ、借入しやすい状況をつくれば経済活動が盛んになるという理屈だ。

でも実際はそうならなかった。金利を下げたところで企業も個人もほぼ無反応。日本人のデフレマインドはかくも強烈なのだ。それでも低金利政策に執念を燃やしてきたが、さすがに潮時《しおどき》だ。その副作用として近年、深刻な円安に陥ってしまった。

いま食品、日用品、ガス代、電気代の値上げが止まらないのは、食料や資材や燃料の輸入コストが円安で跳ね上がったからだ。

為替相場のメカニズムは複雑だ。円安にしろ円高にしろ、為替の値動きにはさまざまな要因が複合的にからむ。しかし今回の円安の背景はわかりやすい。そのもっとも大きな要因になったのは、日米の金利差である。

好景気の続くアメリカは特にこの２～３年、猛烈な勢いで政策金利を上げてきた。

物価の高騰に対応するためだ。その結果、米ドルと日本円の金利差はかつてないほど拡がった。つまり相対的に米ドルの価値が大きく上がり、日本円の価値が大きく下がったということだ。とうぜん価値の高い通貨のほうが需要は多い。だから為替市場において米ドルの買いが進み、日本円の売りが加速していく。

かくして日本円の価値はどんどん下落。これが今回の円安のおもな実態であった。

現在、日本の投資初心者はこぞって全世界株型や米国株型のインデックスファンドを買っている。あなたもそのひとりかもしれない。その際、あなたが支払うのは日本円だ。でもあたりまえだが、日本円は海を渡ることができない。だから運用会社によって外貨に換金されたうえでその国の株式市場に投入される。つまり為替市場で日本円が売られるということだ。ならば円安に転落することになる。

全世界株型や米国株型のインデックスファンドはその株価の好調ぶりもさることながら、ドル高の基調において大きなリターンが取れる点も魅力だ（全世界株型も6割が米国株だ）。**ようするに円安になればなるほど魅力が増す。となるととうぜん日本からの投資にいっそう拍車がかかる。——日本経済にとって悪循環でしかない。**

国内株、国内企業に投資がまわるようにするには、この円安のスパイラルを回避しなくてはならない。そのためには政策金利を大きく引き上げるしかないのだ。

２０１３年に日銀が開始した異次元金融緩和策によって、日本の普通国債の発行残高は増加の一途。いまや１０００兆円を超えた。※11 もちろん過去最大の額だ。そしてその国債のおよそ半分を日銀が保有している。これはなにを意味するのか？　詳しい説明は省くが、**うかつに金利を上げると円が大暴落する恐れがあるということだ。そしてその先にはハイパーインフレが待っている。**

大幅な利上げをしたいが、できない。それがいまの日本だ。でも指をくわえていても仕方ない。為替介入（為替市場でドル通貨を大量に売却する）によるリスクヘッジをしながら、段階的かつスピーディな利上げを敢行する。今後、政府と日銀はそれを目指すだろう。ここ最近の値上げラッシュによって、はからずも国民のデフレマインドも和らぎつつある。いまこそ利上げのチャンスだ。それで景気は一度冷え込むかもしれない。しかし円高が鮮明になれば、国内株、国内企業にもっと投資がまわるようになる。

ＮＩＳＡ、そして政策金利の引き上げ。この２つが両輪となることで日本は一気に巻き返せるはずだ。一時的な痛みはやむを得ない。そこから私たちは強くなる。

※11　財務省「普通国債残高の累増」

投資の3つの鉄則

投資とは、社会にお金を提供し、経済活動に参加することだ。あなたが投資したお金は資本というかたちで社会発展のために働く。投資とは、働かずして稼ぐ手段ではない。あなたが働いて稼いだお金を働かせる行為だ。

そして投資に絶対はない。どんな専門家だろうが学者だろうが先のことはだれにもわからない。1年後、金融ショックが起きるかもしれない。5年後、あらたなパンデミックが発生するかもしれない。すると株価は混乱し、企業の勢力図も変わるだろう。だから投資においてはやれることをやり、勝算をできるだけ高めておくことしかできない。ただ、幸いにもそのためのポイントは論理的に定まっている。

ポイントは3つ。**〈長期運用〉〈分散投資〉〈低コスト〉だ**。それらをすべて押さえ、お金が気持ちよく働いてくれる環境をつくろう。あなたがやるべきことはそれだけだ。

この3つについて簡単に説明していく。

まず〈長期運用〉だ。投資は長期運用のほうが良好な成果を得られやすい。資本主義経済は拡大再生産する仕組みだ。だから理論上、経済は長期的には確実に成長する。とうぜん株価もそれにともない上昇するはずだ。**明日の値動きにも、1年後の値動きにも大した意味はない。お金に余力のある範囲で10年、20年と継続して投資していくのがベストだ。**

さらに長期運用にはもうひとつ大きなメリットがある。それは複利の効果を存分にいかせるという点だ。複利とは、発生した利子をそのつど元本に組み入れ、その増えた元本に対してまた利子がつくことをいう（元本のみに利子がつくのは単利という）。

債券や一部の投資信託を除いて、投資にはこの複利が適用される。運用利益が投資元本に組み入れられることで、資産が雪だるま式に増えていくのだ。ようするに利益が利益を生む。株価変動を考慮しない単純計算の場合だが、運用期間が長ければ長いほど、複利のもたらす儲けはとうぜん大きくなる。

投資において時間は最大の支援者だ。お金が働くための時間をたくさん用意しよう。

次に〈分散投資〉だ。投資でいちばん大事なことは株価の変動リスクをどう抑えるかだ。そのために投資は分散しておこう。リスク分散は投資の鉄則中の鉄則である。

特定の企業をいくら詳しく調査したところで、将来の株価を予測するのは不可能だ。とくに現代は基幹産業の移り変わりが激しい。次々にイノベーションが起き、トレンドは目まぐるしく変わる。いまはリーディングカンパニーでも10年後、衰退しているかもしれない。上場企業だろうが倒産するときは倒産する。倒産すれば株価はゼロだ。

個別株投資の場合なら、最低5社くらいには分散しておいたほうがいいだろう。

また分散投資はメンタルの安定を保つうえでも有効だ。A社の株価が下落したとしても、B社の株価が上昇していれば、平常心でいられる。慌てて売り買いしてしまうようなまねは犯さないはずだ。先に述べたように、投資は長期運用がベストなのだ。

個別株はうまくいけば大きなリターンを取れる。ということはそのぶんリスクも高めだ。また日本株の売買単位は基本的に100株と決まっている。つまり株価2500円の企業の株式を購入したいなら、最低25万円が必要になる。

リスクを最小限にしたい人、あるいは資金に余裕がない人は、多くの企業が1つにパッケージされた投資信託がおすすめだ。個別株ほどのリターンは期待しにくいが、リスク分散において投資信託は最強だろう。そして100円から購入できる。

　さて最後に〈低コスト〉だ。手数料の高い運用商品はその時点で買う価値はない。投資に絶対はないが、それだけは断言できる。

　株式に投資する運用商品を購入した場合、株価が上昇したらどうなるだろうか？　とうぜんあなたは儲かる。そして儲かったぶん手数料も多く取られる。では株価が下落したらどうなるだろうか？　とうぜんあなたは損をする。そして手数料もしっかり取られる。株価がどうなろうが、手数料はそれに連動して必ず発生する。だから手数料の高い商品は確実に不利だ。簡単な話だが、なぜかそこを見過ごす人が少なくない。

　私と共著を出したこともある経済評論家の山崎元さんは「手数料の合計が０・５％を超える運用商品はすべてゴミだ」と断じていた。まったくそのとおりである。

　よって投資をするならネット証券の一択だろう。ネット証券ならほぼ人を介さないぶん手数料が安めだ。**一方、銀行を利用するのは絶対ＮＧ。**銀行には投資信託にかぎらず、多種多様な運用商品が取りそろえられている。窓口で相談すれば優しく丁寧に説明してくれるだろう。とうぜんだ。なぜならそれらの運用商品には手数料がたっぷり上乗せされているからだ。言うまでもなくそれは彼らの高い給料の原資となる。そりゃあ愛想もよくなるに決まっている。銀行の窓口にある運用商品はさながらゴミの見本市である。どれもこれも手数料が割高だ。絶対に買ってはいけない。

「死者のマインド」を持て

前項で述べたとおり、投資は長期運用がベストだ。そこでひとつ質問だ。世界でいちばん成果を出せる投資家はだれだろうか？　投資の神様ことウォーレン・バフェット氏だろうか。イングランド銀行を潰した男、ジョージ・ソロス氏だろうか。

最強の投資家――それは死者である。なぜなら死者は株価がいくら変動しようと決して売らないからだ。資本主義経済は長期的には確実に成長する。ということは、ひたすらホールドするのが最良の選択となるはずだ。

ここで少し個人的な話をしたい。私は仮想通貨（暗号資産）のイーサリアムを2014年の最初期に1万5000円分くらい購入した。すると1年ほどして価格が上昇しはじめた。そして2017年12月、一気に高騰。暗号資産市場は大いに沸き、私のイーサリアムの保有額も約3000万円まで跳ね上がった。購入金額の2000倍になったわけだ。仮想通貨の取引は投機的な側面が強い。売り時の見極めがすべてだ。私はそのタイミングで利益確定（売却して利益を得ること）することにした。

ところが思わぬ事態にぶつかった。私の秘密鍵（パスワード）が不具合を起こしてイーサリアムが取り出せなくなっていたのだ。あれこれ試してみたが無理。結局そのまま放置するしかなかった。そして私はじきに放置したこと自体、忘れてしまった。

そこからイーサリアムの価格はどうなったのか。乱高下を描きながらも、さらに上昇していった。放置して4年ほど過ぎた2021年の秋ごろ、私はふと自分の保有額を確認してみた。驚いた。実に2億円近くになっていた。この4年間でさらに6倍だ。さすがに2億円は見過ごせない。私は気合いを入れて再度、秘密鍵の攻略に挑んだ。でもやはりどうにもならない。9ケタの数字をただ眺めるしかなかった。

そして2024年5月時点で、私のイーサリアムの保有額はもっと増えて約2億5000万円になっている。もとの購入額は1万5000円。それが10年後、2億5000万円だ。爆増である。取り出せないのが惜しいが、とにかく爆増だ。

仮想通貨は大儲けできる！　仮想通貨に投資しよう！　と言いたいのではない。そもそも仮想通貨取引は投機的なゲームだ。安定した投資にはなりえない。一攫千金を狙って大火傷した人を私はたくさん知っている。とりわけ市場が飽和状態のいまは迂闊に手を出すべきではないだろう。

私はここで仮想通貨の火力について解説したいのではない。自慢話をしたいのでもない。今回のエピソードで伝えたいのは、理想的な投資マインドの在り方である。

秘密鍵に不具合があったから私はイーサリアムを売らずにすんだ。そして価格変動についても気にせずにすんだ。かたや、もし秘密鍵が正常だったら3000万円の時点で利益確定していた。そしてその後さらに値上がりするのを見て舌打ちしただろう。

つまり、いくら値上がりしても売らなかった（売れなかった）からこそ、結果的に2億5000万円になるまでホールドできたのだ。

繰り返すが、投資は長期で臨むのがベストだ。その途中、値上がりしようと値下がりしようと安易に売るべきではない。すなわち、値動きに反応してはいけない。そしてそれを完全にまっとうできるのが死者だ。**投資の勝算を最大限に高めるための究極の秘訣は、いわばそうした死者のマインドを持つことなのだ。**

株価が上昇したから売って利益確定しよう。株価が下落したから売って損切りしよう。そんな短期売買を繰り返して資産を増やすのはきわめて難しい。あなたが会社で大出世するより難しいだろう。そもそもそれは投資というより投機だ。投機はその筋のプロであっても簡単には勝てない。まして初心者ならなおさらだ。勝ち目はゼロだ。

投資では死者のように何事にも左右されず、淡々と継続できる人が最後に果実を得る。つまり感情をからめない人が最強だ。とはいえ、私たちは死者ではない。生きているかぎり感情がある。そしてその感情を問答無用で刺激してくるのがお金である。自分の年収と世間一般の平均年収をみんなやたら比べたがるのは優劣の感情がうずくからだ。大金を得るとだれだって気が大きくなるのも同じ理由である。

自分が持つ株式が値上がりすればうれしい。逆に値下がりすれば悲しい。その感情を排除することはできない。しかし感情は感情として、判断や行動から切り離すことはできるはずだ。つとめて理性を働かせるのである。

人生においてお金はあくまでも手段だ。目的ではない。投資でお金を増やすことがあなたの人生の目的ではないだろう。**投資はゼロサムゲームではない。競争でもない。儲かるときはそこにいるみんなが儲かる。その逆もしかりだ。それだけの話である。**

お金はしょせんお金。それより大切なのはあなたの人生のテーマである。それに打ち込んでほしい。「いま」ではなく「未来」を見よう。

第2章

「お金」の真実

知らなきゃ損する裏側

増税をグチるまえに、ふるさと納税をしろ

会社員は増税のターゲットにされやすい。個人事業主は自分で所得税を計算して納税するが、会社員は給与から自動的に天引きされるだけだ。だから実質的な増税を課されても実感しづらい。また個人事業主に比べて税制にまつわる知識も不足しがちだ。

さらに言えば、彼ら現役世代の投票率の低さも問題だろう。2021年の衆議院議員総選挙での40代以下の投票率は46%だ[※1]。あまりに低い。**増税に鈍感で、税制の知識も乏しく、投票にも行かない。となれば、会社員が狙い撃ちされるのも仕方ない。**

そんな税金弱者の会社員だが、頼れる味方はいる。だれでも簡単にできる節税対策がある。NISA《ニーサ》（少額投資非課税制度）、iDeCo《イデコ》（個人型確定拠出年金）、ふるさと納税がその代表格だろう。

特にふるさと納税は太っ腹な制度である。ふるさと納税は、都道府県や市区町村に

※1 総務省「国政選挙における年代別投票率の推移について」

お金を寄付することで、その寄付金額のうち2000円を引いた残り全額が、住民税・所得税から控除される制度だ。[※2] なぜそれが太っ腹なのかと言えば、寄付先からその支援のお礼として返礼品（その地域の特産品やサービスなど）が届くからだ。

ふるさと納税において自治体が返礼品を用意する際の費用は、寄付額の3割以下という決まりになっている。つまり、あなたが10万円のふるさと納税をした場合、それと引き換えにだいたい3万円くらいの品を受け取れるわけだ。

その10万円はどのみち支払わなければならない10万円である。通常の税金のまま徴収されて終わりにするのか。もしくは、ふるさと納税により3万円の品を手にするのか。どっちが得だろうか。考えるまでもない。ふるさと納税をしないやつはアホだ。

いまだに誤解している人がいるので断っておくが、「ふるさと」といってもあなたの出身地である必要はない。全国どこでも自由に寄付できる（複数個所の寄付も可）。ということは返礼品も自由に選び放題だ。全国の自治体（およそ1785団体）がそれぞれ自慢の品を取りそろえている。米や肉や魚といった食品のみならず、家電や家具やパソコン、さらに旅館の宿泊券もある。まさに選り取り見取り。なんでもある。

ふるさと納税のやり方はシンプルだ。「さとふる」「ふるなび」「ふるさとチョイス」

※2　控除とは、一定金額を差し引くことを意味する。税金の控除には2種類ある。「所得控除」は課税対象となる所得額から差し引くこと。「税額控除」は納めるべき税額から差し引くこと。一般的に税額控除のほうが節税効果は大きい。ふるさと納税では、この税額控除が適用される。

といった仲介サイトで返礼品を選んでポチるだけ。その際、税金の控除申請が必要だが、それも仲介サイトで簡単にできる。申請手続きが終われば、あとは自動的にあなたの住民税から控除されることになる。[※3] 10万円のふるさと納税をしたなら（10万円の返礼品を選んだら）、9万8000円が控除されるわけだ（10万円のうち2000円は自己負担）。

ふるさと納税に面倒な作業はいらない。ただし留意点が2つある。ひとつは、実費で立て替えておく必要があること。たとえば10万円のふるさと納税をする場合（10万円の返礼品を選ぶ場合）、まずその10万円を実際に支払わなくてはならない。そして会社員であれば、支払ったのちの翌年6月から1年間、12回（12か月）に分けて計9万8000円が住民税から控除されるという段取りである。[※4] つまり、節税効果を得るまでにタイムラグがある。

もうひとつの留意点は、ふるさと納税の控除額には上限があること。無限に控除されるわけではない（上限を超えた分は自己負担）。年間の控除上限額は年収や家族構成で異なる。これも仲介サイトのシミュレーターですぐわかるので確認しておこう。

いずれにしろ、ふるさと納税でやるべきことはわずかだ。上限額を把握し、寄付先（返礼品）を決め、控除申請をする。それだけだ。あとは返礼品が届くのを待てばいい。

※3　ふるさと納税において確定申告なしで控除が受けられるこの仕組み（ふるさと納税ワンストップ特例制度）は、会社員（給与所得者）が対象。もともと確定申告をするのが前提となっている個人事業主は、確定申告により控除・還付される。

ふるさと納税は税金弱者にとってなにより手厚い制度なのだ。

さて一方、ふるさと納税の制度的な趣旨は、国民それぞれが自発的にお世話になった地域、応援したい地域を支援するという点にある。魅力は返礼品だけじゃない。制度の趣旨に基づくメリットがさらにある。それは寄付の使い道を指定できることだ。

たとえば、私が住民票を置いている北海道大樹町なら〈子育て・教育の支援〉〈農林水産業の振興〉〈ロケット開発プロジェクト〉といった具合に計7つの選択肢が用意されている。つまり自分の寄付金に明確な役目を持たせることができるのだ。

ご存じのとおり、この国では税金の無駄遣いがあふれている。閑散とした公共施設。しょうもない地域振興イベント。まったくもって無駄だ。私たちの納めたお金が捨てられているようなものだ。しかし政治家や官僚にとってそれは無駄ではない。利権につながるからだ。かくして今日も明日も私たちのお金は勝手に溶かされていく。

でもふるさと納税なら、私たちのお金に意志を込められる。社会に有意義な貢献ができる。**2022年度のふるさと納税の利用者数は約890万人**（総務省調べ）**。納税義務者のわずか15%だ。**あまりに少ない。居酒屋で税金の不平不満をこぼすくらいなら、ふるさと納税をしよう。そして投票にも行け。すべては自分自身のためだ。

※4　確定申告のない会社員の場合は、9万8000円の全額が住民税から控除される。一方、個人事業主の場合は、確定申告から1～2か月後に所得税の還付を受け、その確定申告後の6月から住民税の控除を受ける。その還付と控除の総額が9万8000円となる。

ふるさと納税の仕組み

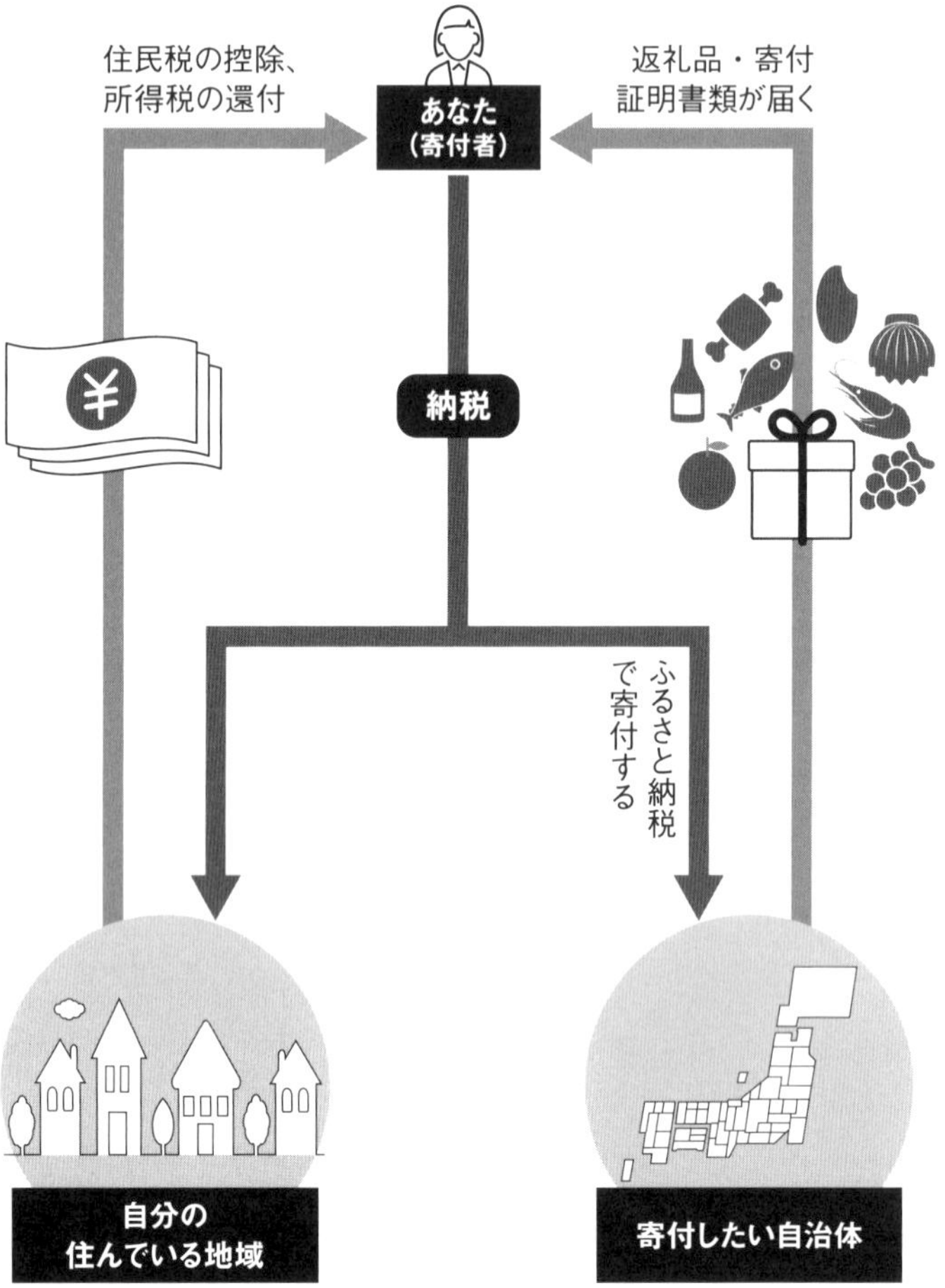
住民税の控除、
所得税の還付
あなた
（寄付者）
返礼品・寄付
証明書類が届く
納税
ふるさと納税
で寄付する
自分の
住んでいる地域
寄付したい自治体

ふるさと納税に隠された本当の狙い

菅義偉《すがよしひで》元首相が総務大臣時代に打ち出し、官房長官時代に強化したふるさと納税制度。**この制度の真の狙いは〝ステルス的地方分権政策〟だと私は睨んでいる。**

多くの人はふるさと納税について「特産品がお得にもらえるサービス」くらいの認識だろう。では、これがなぜステルス的地方分権政策なのか。

日本は政治の権限が政府に集中した、いわゆる中央集権的な体制にある。政府が政策を決め、地方自治体はそれに従い仕事をする。戦後、日本が目覚ましい経済復興を果たせたのは、政府の統率力のもとで一丸となれたからだ。

しかしその反面、中央集権型には地域それぞれの特性に対応できないという弱点がある。高度経済成長を経て日本が成熟期を迎えたころから、今度はその弱点が深刻な影を落とすようになった。地域社会ごとの志向や課題がどんどん多様化し、全国画一的な基準がほとんど通用しなくなったのだ。事情はいまも変わらない。むしろ、さまざまな事柄が急速に変化しているなか、状況は悪化の一途である。

戦後の日本を牽引した中央集権システム。だが時代は変わった。いまやそれは地域社会のイノベーションをさえぎる足かせだ。脱・中央集権なくして日本の未来はない。

もちろん政府もそんなことは百も承知だ。自治体みずからが決め、実行し、問題解決をはかる――。そうした分権型社会への転換を実現すべく、試行錯誤を繰り返している。政府が地方分権改革を掲げ、具体的な政策を練りはじめたのは遡《さかのぼ》ること実に30年前[※5]。そこから今日にいたるまでこまめな法改正を経ながら段階的に、政府から自治体へ権限の移譲がなされてきた。しかしまだまだ不十分だ。分権型社会にはほど遠い。政府と自治体それぞれの思惑に隔たりがあり、いまだ綱引き状態である。

一方、分権型社会を実現するうえで、かねてから議論されているのが「道州制」の導入だ。現状の「都道府県」の行政区画を廃止し、より広域な「道・州」に再編しようという構想である。ひとつひとつの自治体（道州）の担う統治領域が拡大すれば、政府による権限移譲も大規模かつスムーズに果たされる。となると、日本全体の底力は格段に増すだろう。

※5 1993年、衆参両院で地方分権推進が決議された。

しかしその道州制構想もそれはそれで実現の道のりは険しい。ようするに日本のかたちを根本的に変えようというものだ。変化を嫌う日本人にはなかなか受け入れがたい。事実、これまで少なからぬ自治体の首長たちが反対を表明してきた。その言い分はさまざまだが、いずれにしろ現存47都道府県の利害調整は容易ではないだろう。

部分的な権限移譲を繰り返したところで埒《らち》が明かない。かといって道州制実現のハードルは高い。しかし今後、日本の人口は一気に減少していく。国のことは国がやり、地方のことは地方でやる。そんな地方行政の自立と効率化は待ったなしだ。

おそらく菅元首相は地方分権改革の停滞に強い危機感を持ったのではないか。そこで現実的な次の一手を打った。起爆剤になりうる一手だ。それがふるさと納税である。

自治体にとってふるさと納税は自由競争の場だ。工夫を凝らし、魅力的な地域であることを人々に示せれば多額の寄付が集まる。つまり「自治体みずからが決め、実行し、問題解決をはかる」という分権型社会の原則がそこにあるわけだ。

このふるさと納税を用い、地方分権の道を押し拡げる。それが政府の真の狙いだろう。菅元首相の卓抜した実務家としての手腕からしても、そう見なして間違いない。

このステルス的地方分権政策は、目に見える成果をあげている。実際、大都市から地方に巨額の税金が移っていて、その額も年々増大しているのだ。たとえば東京世田谷区では2023年度のふるさと納税による住民税の減収額が約98億円に及んだ（東京23区で最多額）。ほかの自治体に98億円が流れたわけだ。世田谷区長はその巨額の流出に「悪夢のような事態」と不満をあらわにしている。[※6] 一方、財源の乏しい地方の自治体にとっては歓迎すべき状況だろう。

この世田谷区にかぎらず、巨額流出に瀕している大都市はいずれも制度の見直しを訴えている。税収が失われると行政サービスが低下してしまう。それでは本末転倒。地域を支援するという、ふるさと納税の本来の趣旨に反する。そんな主張である。

しかしそれは単なるポジショントークだ。ふるさと納税の競争ルールは公平である。創意工夫を尽くした自治体に寄付が集まり、そうでない自治体には寄付が集まらない。それだけの話だ。大都市における巨額流出は、人口の多さにあぐらをかいてきたツケだろう。ようするに努力不足であり、制度を非難するのはお門違いだ。今後、大都市は負けずに創意工夫をして巻き返すしかない。より魅力的な地域社会を目指すのだ。

自治体みずからが決め、実行し、問題解決をはかる――。ふるさと納税は、まさにそのうねりを起こしている。 地方分権のうねりだ。菅元首相の目論見《もくろみ》どおりだろう。

※6 NHK政治マガジン「ふるさと納税過去最高も 明暗くっきり『悪夢』のなぜ?」（2023年8月1日）
総務省「ふるさと納税に関する現況調査結果（令和5年度実施）」（2023年8月1日）

ふるさと納税による「寄付額」「住民税減収額」ランキング

順位	寄付を集めた自治体（2023年度）	寄付額
1	宮崎県都城市	193億8400万円
2	北海道紋別市	192億1300万円
3	大阪・泉佐野市	175億1400万円
4	北海道白糠町	167億7800万円
5	北海道別海町	139億300万円
6	北海道根室市	125億5400万円
7	名古屋市	117億1000万円
8	静岡県焼津市	106億8700万円
9	福岡県飯塚市	105億1300万円
10	京都市	100億600万円

順位	住民税減収が見込まれる自治体（※）	住民税減収額
1	横浜市	304億6700万円
2	名古屋市	176億5400万円
3	大阪市	166億5500万円
4	川崎市	135億7800万円
5	東京・世田谷区	110億2800万円
6	さいたま市	100億6900万円
7	福岡市	96億5100万円
8	神戸市	92億6400万円
9	札幌市	89億7400万円
10	京都市	82億4300万円

※ふるさと納税の影響で、2024年度の住民税の税収が減る見通しの自治体

NHKのHPより
https://www.nhk.or.jp/shutoken/articles/101/009/74/

退職金は、単なる「給与の後払い」

退職金（退職一時金）とはなんだろう？

長年の勤務に対する功績報酬。退職後の生活支援金。だいたいそんなポジティブなイメージを持っている人が多いと思う。でもその認識は半分正しくて、半分誤りだ。たしかに定年になってそれなりの退職金を得れば、老後の足しにはなるだろう。退職所得には大きな税制優遇もある。

でもそこで手にする退職金はなんら特別なものではない。その実体は「給与の後払い」にすぎないのだ。

退職する従業員に会社がまとまった額のお金を一括支給する――。実はそのような制度は世界にあまり例がない。日本独自の習慣なのだ。現在の退職金制度が普及したのは戦後すぐのころである。

当時、企業はどこも深刻な資金不足におちいっていた。低賃金で働かされる従業員の不満は爆発寸前だ。そこで多くの企業の取った策が、いまは賃上げしない（賃上げできない）代わりに定年時にまとまった報酬を支給するというスキーム、つまり「退職金」の導入だった。毎月支払うべき給与の一部を後払いするというわけだ。

そうして労使が歩み寄り、企業は戦後不況を乗り越えていった。やがて朝鮮特需が到来し、高度経済成長期に突入するのだ。[※7] **そのときの退職金制度がそのまま今日にいたるまで受け継がれているのである。**

しかしいまは戦後ではない。当時とはまるで状況が違う。それにもかかわらず多くの企業がかつての退職金制度を変わらずに用いている[※8]（2023年時点で退職金制度のある企業の割合は約75％）。なぜだろう？　そう。そういうことだ。**退職金は企業にとって都合のいい制度にほかならないからだ。**

無利息で運転資金を調達できるのである。しかも後払いの際（退職金を支払う際）には感謝までされる。さらに万が一倒産し、退職金にまわす資金がなくなったら支払う必要はない。魔法のような資金スキームである。つまり退職金制度は従業員のためにあるのではない。企業のためにあるのだ。

※7　1950年6月25日、朝鮮戦争が勃発。アメリカ軍から日本企業に軍事物資（繊維製品、食料品、鋼管、砲弾、車両修理など）の発注が急増し、日本は戦後不況を脱した。
※8　厚生労働省「令和5年就労条件総合調査の概況」（2023年10月31日）

でも一方で、退職金制度は福利厚生（従業員やその家族に対する生活支援）の一環だとアピールする経営者も少なくない。冒頭で挙げたようなポジティブなイメージがまかり通っているのはそのせいだ。

中小企業の退職金の相場は、大卒で約1100万円、高卒で約1000万円[※9]（新卒入社で定年まで勤務した場合）。大金といえば大金だ。いざ支払うとなれば、それなりの負担にはなる。まして経営状態の思わしくない、内部留保の限られた企業ならなおさらだろう。退職金を工面するのはひと仕事だ。そうした事情を鑑《かんが》みて、従業員に対する福利厚生だと勝手に決めつけているわけだ。

退職金の性質について法的に明確な定義はない。だから福利厚生だというその決めつけもウソにはならない。しかしウソにはならないが、明らかなミスリードだろう。

退職金制度がある会社は、決算報告書に将来発生する退職金額を「債務（退職給付債務）」として計上する必要がある。従業員にまだ支払われていない賃金という位置づけだ。退職金はあくまで給与の後払いなのである。

その大前提をうやむやにするような決めつけは感心しない。本人にそのつもりはなかったとしても、従業員を欺《あざむ》いているようなものだ。

※9 東京都産業労働局「中小企業の賃金・退職金事情（令和4年版）」（2022年12月）

就職、転職活動で退職金の有無を気にする人は多い。でも、退職金制度がある＝労働条件が良い、というのは思い込みにすぎない。

働き盛りの30代、40代ともなれば、いろんなことが起きる。結婚、育児、子どもの進学、あるいは独立・起業――。なにかと物入りだ。収入は1円でも多いほうがいい。**定年時にもらうお金よりも、そうしたライフイベントの真っただ中でもらうお金のほうが何倍も価値がある。**ＮＩＳＡ《ニーサ》（少額投資非課税制度）やｉＤｅＣｏ《イデコ》（個人型確定拠出年金）に投入できる種銭も増える。退職金に惑わされるのは愚かだ。

近年では退職金制度がない代わりに、昇給やインセンティブに重点を置く企業も増えてきた。支払うべき給与をそのつど全額支払うということだ。あたりまえだが、それが適正な雇用というものだろう。

私もかつてライブドアを率いていたとき、退職金制度は設けなかった。とうぜんそのぶん月々の給与に還元していた。そのほうが経営陣も従業員も向上心をもって職務に励める。退職金がないことがメリットになりうるのだ。

退職金という悪しき習慣が日本をダメにする。みんなそのことに気づくべきだろう。

退職金＝転職ペナルティ

日本の退職金（退職一時金）は特殊だ。定年時に数百万円、数千万円が一括支給されるような企業文化は日本以外にない。外国人に日本の退職金の相場を教えると、きまって目を丸くされる。ありえないと羨《うらや》ましがられる。

でも、そんないいものではない。内実はろくでもない制度だ。だから他国には存在しないのである。日本の退職金制度は、これまた日本独自の終身雇用を前提に設計されている。つまり老後資金の意味合いを持つわけだ。そのため退職金にかかる税負担は軽い。他の収入（給与やボーナス）に比べて大きく優遇されている。

問題はそこだ。その税制優遇こそが日本経済の未来を蝕むのである。

退職金の課税対象額は、通常の給与とはまったく別の方式で算出される。[※10] そこには特別な優遇措置が2つ組み込まれている。まずひとつは「退職所得控除」だ。退職所

※10 退職金も給与も発生する税金は、所得税と住民税の2つ。

得控除とは、読んで字のごとく、条件に応じた一定額を退職所得から控除する制度だ。[※11]ようするに、退職金額のうち税金のかからない非課税枠のことである。

ただし、その退職所得控除がなされた残額（退職金支給額－退職所得控除額）がそのまま課税対象になるわけではない。さらにその残額を2分の1にする。その2分の1にした金額が課税対象になる。これがもうひとつの優遇措置だ。

つまり課税対象額は〈「退職金支給額－退職所得控除額」×2分の1〉ということになる。退職金の税金には、「退職所得控除」と「2分の1」という独自の二重の優遇が適用されるわけだ。[※12]

退職所得控除の金額は勤続年数によって決まる。勤続20年までは1年当たり40万円、勤続20年より先は1年当たり70万円が控除される仕組みだ。

だから、新卒から定年まで38年間勤め上げた場合の退職所得控除額は〈「40万円×20年＝800万円」＋「70万円×18年＝1260万円」＝2060万円〉となる。

もしそのときの退職金支給額が2000万円なら、課税対象額は〈2000万円－2060万円＝マイナス60万円〉だ。この時点で2分の1にするまでもなく課税対象額がなくなる。よって無税である。2000万円をまるまる受け取れるわけだ。

※11　控除とは、一定金額を差し引くことを意味する。税金の控除には2種類ある。「所得控除」は課税対象となる所得額から差し引くこと。「税額控除」は納めるべき税額から差し引くこと。退職所得控除は前者に該当する。所得控除が多いほど、税負担は軽減される。

※12　給与やボーナスの課税対象額は、その総支給額から社会保険合計額を差し引いた金額。

かりに給与年収2000万円の場合の税金（所得税＋住民税）は、概算でおおよそ500万円程度。給与年収600万円なら、50万円程度。アルバイトであっても年収103万円を超えると税金を取られる。退職金は特権的な優遇を受けているのである。

しかし一方、その税制優遇が労働市場を停滞させている。ひとびとの自由な転職をはばみ、人材の流動化をさまたげている。それが退職金制度の致命的な弊害だ。

転職するということは退職金の特権的優遇を放棄するということだ。転職したら勤続年数はリセットされる。つまり退職所得控除の威力が削がれる。となると、転職しないほうが金銭的には手堅く有利な選択ということになる。

同じ会社で働き続けると得をし、転職すると損をするわけだ。理不尽でしかない。ようするに退職金制度は転職ペナルティなのだ。

企業の生産性を向上させ、競争力を高めるには人材の流動化がマストだ。働き手それぞれがそれぞれの強みを生かして新たな成長分野に挑戦する。多様な働き方、多様な社会貢献を実践する。そこにこそ日本の未来はあり、働き手の喜びもあるはずだ。企業の成長。個人の人生の充実。それは労働市場の活況抜きにはありえない。

しかし日本では退職金制度という名の転職ペナルティが幅を利かせている。労働市場の活況どころか、ひとつの会社にしがみつく保守的人材がいまなお大量生産されているわけだ。戦後日本が生んだろくでもない負の遺産である。

でもここに来て政府もようやく動き出した。日本型雇用慣行の改革に向け、2023年の「新しい資本主義実現会議」で退職所得控除の見直しが閣議決定されたのだ。※13 勤続20年を境に1年当たりの控除額が40万円から70万円に増額される現行制度をあらためる方針だ。今後、勤続年数にかかわらず控除額は一律になる可能性が濃厚である。一律40万円か、あるいはもっと縮減されるかもしれない。もちろん退職金のうま味を削ぎ、人材の流動化をうながす狙いがある。

さらに政府は退職所得控除そのものの撤廃も視野に入れている。近年、退職金制度を設けない企業も増えてきた。いつ大ナタが振るわれてもおかしくないのである。

退職金をあてにしていたのに梯子《はしご》を外される――。そんな悲惨な目に遭いたくないならキャリアアップに磨きをかけることだ。ひとつの会社にしがみつかず、自分らしい働き方を模索して実践する。繰り返すが、そこに人生の充実はある。そしてそれが日本の未来にもつながるのだ。

※13 内閣官房「三位一体の労働市場改革の指針」（新しい資本主義実現会議／2023年5月16日）
内閣府「経済財政運営と改革の基本方針2023について」（閣議決定／2023年6月16日）

「退職金にかかる税金」の計算方法

所得税等の源泉徴収税額の計算方法（2024年分）

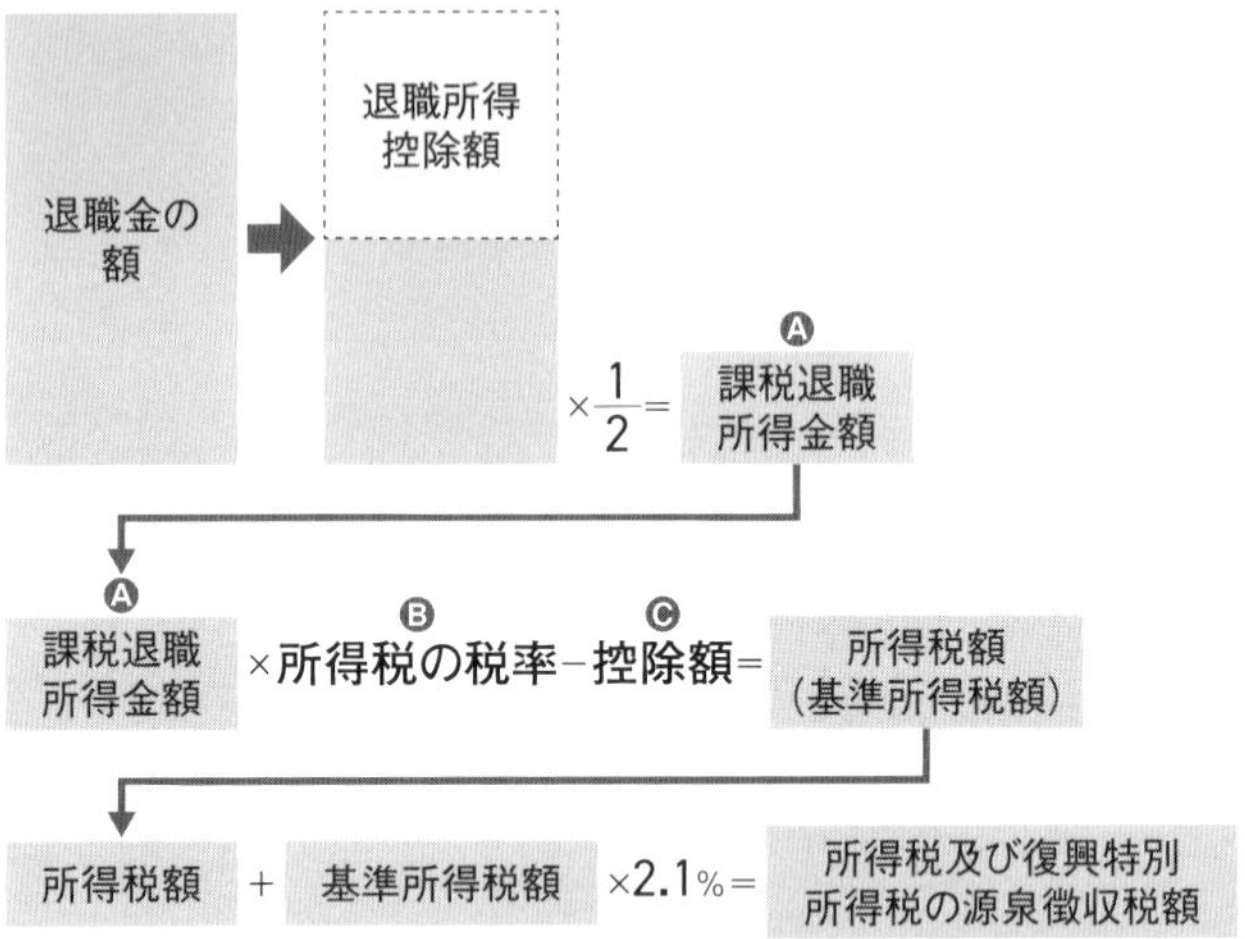

［計算例］30年勤務した人が退職金を2,500万円受け取った場合

退職所得控除額は ▶ 800万円+70万円×(30年−20年)=1,500万円

課税退職所得金額は ▶ (2,500万円−1,500万円)×$\frac{1}{2}$=500万円
◎1,000円未満端数切捨て

所得税額は ▶ 500万円×20%−42万7,500円=57万2,500円

所得税及び復興特別所得税の額は ▶ 57万2,500円+(57万2,500円×2.1%)=58万4,522円
◎1円未満端数切捨て

注：このほかに住民税として、50万円が特別徴収

国税庁のHPより
https://www.nta.go.jp/publication/pamph/koho/kurashi/html/02_3.htm

マイホームを買っていい人の条件

住むなら賃貸か、持ち家か。ずーっと繰り返されているテーマだ。でも答えは明らかだ。単純な損得で考えれば賃貸だ。もう圧倒的に賃貸である。そして損得抜きなら持ち家もあり。以上が答えである。

日本では昭和時代につくられたマイホーム信仰がいまだに根強い。そしてその信仰に乗っかって家を売りたがる不動産業者がいる。賃貸派は賃貸派としてのロジックがあり、持ち家派は持ち家派としての言い分がある。ようするに永遠にかみ合うことはない。かくして、賃貸vs持ち家論争はえんえんと続いていく。

どうしても持ち家が欲しい。マイホームで幸せな家庭を築くのが夢だ。そういう人は迷わずさっさとローンを組んで買ってしまおう。もちろん高い買い物になる。人生最大の買い物だろう。でもそれで夢がかなうなら安いものだ。できるだけ早く買い、できるだけ長くそこで暮らすのがベストである。人生の時間は限られている。

ただ、不動産業者のセールストークには要注意だ。あたりまえだが彼らは家を売るプロである。不都合なことは口が裂けても言わない。話半分で聞き流し、あくまで自分の人生観、価値観にしたがい、自分に合う物件を選ぶべきだ。

かたや、持ち家の実利的な価値はゼロに等しい。むしろデメリットだらけだ。**だから特別な思い入れがないなら買わないほうがいい。絶対買ってはいけない。**

一般庶民がマイホームを買う場合、だいたい30〜35年ローンを組むことになる。35年ものあいだ毎月毎月、借金を返済し続けるわけだ。雨が降ろうが槍が降ろうが待ったなし。くわえて固定資産税やメンテナンス費用といったランニングコストもかかる。なかなかのプレッシャーである。なにがなんでもいまの収入を死守しなければならない。となると、そのさきの人生の選択肢は一気に狭まる。

たとえば魅力的な転職先があってもためらうだろう。その職場の雰囲気になじめなかったら？　試用期間中にクビになったら？　いちいち不安を膨らませてしまう。転職してキャリアアップを遂げる。それが会社員として年収を大幅に増やす王道コースだ。でも大きなローンがその挑戦をさまたげる。つい現状維持に走ってしまう。いまの職場にしがみつき、やりたくない仕事を押しつけられてもひたすら我慢だ。
仕事にかぎったことではない。持ち家だと暮らし自体の自由度も狭まる。治安が悪くなろうが、隣近所とトラブルが起きようが引っ越せない。これまた我慢だ。いざとなれば売却や賃貸に出せばいい？　あまい。交通アクセスの良い一等地ならともかく、庶民が買える程度の物件に大した魅力はない。買い手を見つけるのは大変だ。

それに引き換え、賃貸暮らしはコスパがいい。いつでも好きなときに引っ越せる。固定資産税とも無縁。そしてなによりメンテナンスや修繕にかかる費用は家主が払ってくれる。入居者は自腹を切ることなくつねに快適な生活空間を確保できるわけだ（しかも2020年の民法改正により、賃貸事業者の修繕義務はいっそう厳格化された[※14]）。

そんな賃貸に比べると、持ち家暮らしの息苦しさは如何ともしがたいものがある。

「でも賃貸だと家賃をただ払い続けるだけで終わる。持ち家ならローンを払い終えたあと資産として残る」不動産業者の常套句である。騙されてはいけない。

新築を買った場合、住んだ瞬間からその家の価値は下がっていく。中古物件のあつかいになるからだ。ローンを払い終えた35年後の古びた家ともなればなおさらだ。資

※14　民法611条：賃借物の一部滅失等による賃料の減額等

産価値はほぼゼロだ。もちろん戸建てなら土地の価値は残る。でも庶民が買えるような土地にたいした価値はない。一等地でないかぎり地価は上がらない。

持ち家に実利的なメリットは皆無だ。ローンを完済しても固定資産税はずっと発生する。建物の老朽化が進めば、フルリノベーション並みの改修工事が必要になる。その際の費用は少なくとも1000万円はくだらないだろう。

「高齢者になったら部屋を貸してもらえなくなる。だからいまのうちに家を買っておいたほうがいい」これも不動産業者の常套句。不安につけこむ狙いだ。詭弁である。

もうじき、高齢者だろうが部屋はいくらでも借りられるようになる。いま日本は人口減少にともなう空き家問題が深刻になっている。[※15] くわえて超高齢化社会だ。であれば今後、シニア向けの賃貸物件は必然的に拡充されていく。心配は無用だ。

賃貸か、持ち家か。繰り返すが、買っていいのはマイホーム自体に損得を超えた特別な思いがある人だけだ。マイホームは本質的に不条理な買い物である。損する覚悟のない人は買ってはいけない。

※15　総務省「令和5年住宅・土地統計調査」(2024年4月30日)によれば、2023年10月1日時点の全国の空き家数は計900万戸。その5年前に比べて51万戸の増加で、過去最多。また900万戸のうち、賃貸・売却用物件は計476万戸。

住宅ローンという名の押し売り

いまだにマイホームを「資産」だととらえている人がいる。たしかに法律上は資産のあつかいだ。不動産のひとつであり、ゆえに固定資産税が課される。

しかし資産とは本来、その所有者に利益をもたらす財産のことを指す。**金銭的価値があり、お金に換えることができ、そしてなによりお金を増やしてくれる。**そのようなものを資産と呼ぶのである。

なけなしのお金をはたき、35年ローンを組んで手にしたマイホームは資産だろうか。月々のローン返済のみならず、保有しているかぎりメンテナンスや修繕の追加出費が発生する。もちろん固定資産税もある。お金を生むどころか、出ていくばかりだ。

また、家を手放す必要に迫られても、すぐに売れるわけではない。買い手がつくまで時間も手間もかかる。郊外住宅なら安く買い叩かれるだろう。もしローンが残っていれば売却時にそれを完済しなければならない。売却益がローン残高を下回るようだと別途、補填《ほてん》するはめになる。ちなみに売り値の3%が仲介手数料で消える。高額取引になるため、これもバカにならない。もちろん売れたら所得税と住民税も発生する。[※16] 持ち家は〝不動〟産の名にふさわしく、流動性も換金効率もきわめて低いのだ。

　持っていてもお金を生むことはない。それどころか売却（換金）すら容易でない。くわえて売却によって損を被《こうむ》る公算が高い――。資産になりようがない。**マイホームは負債そのものだ。しかも割に合わない負債である。**

　それでも少なからぬ人がマイホームを求める。そこに幸せな暮らしがあると信じている。持ち家が不利なのは明らかだ。でも買う。あくまで買う。そして密かに胸を張るのである。マイホームの唯一で最大のメリットはひとに自慢できることだろう。

　なぜ日本にはかくも強烈なマイホーム信仰がはびこっているのか。すべては国策の影響である。1960年、池田勇人内閣は国民所得倍増計画を打ち出した。むこう10年間で国民の所得を2倍にするという壮大なプランだ。いまの私たちからすれば非現実的に思えるが、戦後不況を脱した当時の日本はイケイケである。所得倍増に向けた政策が次々と実行され、驚異的な経済成長を遂げていく。

※16　ただし、一定の要件を満たせば、自宅の売却益のうち最高3000万円まで非課税になる（国税庁「居住用財産を譲渡した場合の3000万円の特別控除の特例」）。

そこで絶大な貢献を果たしたのが住宅事業だった。家が売れるということは建材や設備が売れるということだ。とうぜん多くの職人も稼働する。そして土地の売買も活発になる。ようするにお金が日本中を駆けめぐる。経済波及効果は圧倒的だ。

その住宅がどんどん売れるようになったのは、戦後不況を脱した1950年代後半だ。そこからさらに国民の所得が急増したことで住宅需要はいっそう過熱。くわえて拍車をかけたのが住宅ローンの簡易化だった。

それまで住宅ローンの貸出しはおもに政府系金融機関（住宅金融公庫＝2007年廃止）が担っていたが、東京オリンピック（1964年）が開催されたあたりから銀行などの民間金融機関が本格的に参入してきたのだ。住宅ローンビジネスが活気づき、ひとびとがローンを組むハードルが一気に下がったのである。そして1966年、住宅建設計画法（2006年廃止）が制定され、国をあげた住宅建設ラッシュがはじまる。次々と開発されるベッドタウンに庶民の胸はがぜん高鳴った。広大な敷地に拡がる綺麗で近代的な住居。それは豊かさの象徴だ。まさに夢のマイホームだ。**だれもが一生懸命働き、そこで暮らすことを目指すのである。マイホーム信仰の誕生だ。**

そして1972年、住宅ローン減税制度（住宅取得控除制度）が創設される。「税負担を軽くしますから、もっともっと家を買ってください」というわけだ。当時、それまで絶好調だった景気に陰りが見えはじめていた。だから国民の住宅購入をさらに促進する必要があったのだ。
この住宅ローン減税制度が現在にいたるまで、日本の住宅政策、景気対策の中核となる。**いかにローンを借りやすくするか。つまりいかに巧妙に国民に負債を負わせるか。**高度経済成長の終焉とともに政府はそこに注力する。そのときどきの経済状況に応じて、減税規模の拡大縮小を繰り返していくのである。そうしてこの半世紀にわたり国民を誘導してきた。ようするにマイホームは景気の調整弁にすぎない。しかし政府にとっては大事な大事な調整弁だ。かくして「夢のマイホーム」はいまなお息づく。
2022年度の税制改正により、2024年1月以降に省エネ基準を満たさない新築住宅を購入した場合、住宅ローン減税が適用されなくなった。強烈な方針転換だ。「省エネ性能の高い家に住みましょう」という政府のメッセージである。省エネ建築物の増加による経済効果を狙っているのだ。[※17]
夢のマイホーム――。しかしその「夢」は幻想である。政治家や官僚が知恵を絞って守り続けてきた幻想だ。彼らの思惑にこれからも乗せられるのか、あるいは拒むのか。価値観、住居観は人それぞれだ。いずれにせよ、後悔のない選択をしたい。

※17 NTTファシリティーズ「日本全国の事務所・庁舎の省エネ化がもたらす隠れた経済効果を推計」(2024年6月17日)

「お金配り」に手を出すな

ZOZO創業者・前澤友作さんによるSNSを使った「お金配り」。その反響はすさまじかった。最初のお金配りは2019年1月。前澤さんのツイッターをフォローしてリツイートした人のうち100名に100万円をプレゼントするというものだった。それがはじまるなり、ツイッターはお祭り状態。約50万人だった前澤さんのフォロワー数はわずか数日で600万人を突破する盛況ぶりだった。

その後もお金配りイベントは繰り返され、2021年12月には、前澤さんの出資会社が運営するアプリの利用登録者に500円〜100万円がもれなく当たるという企画を実施。これには実に1000万人以上が参加したらしい。[※18]

貧富の差を再分配で軽減し、お金に困る人をゼロにしたい。前澤さんはお金配りの真意についてそう述べている。社会貢献、社会実験のひとつの試みだという。実際、当

※18 ARIGATOBANK「"前澤友作 全員お金贈りfrom宇宙"のキャンペーン参加者数が1000万人突破」(2021年12月27日)

選者にアンケートを取り、生活がどう変わったのかの追跡調査も行ったようだ。[※19]

その一方でこのお金配りは、ビジネスマンとして天才的なマーケティングだと言える。**なぜなら情報弱者を引き寄せる強力な「情弱ホイホイ」になりえたからだ。**だれよりも得をしたのはほかならぬ前澤さんだろう。

リツイートする。アプリをダウンロードする。それだけでお金がもらえる――。冷静に考えてどうだろう? 普通の感覚の持ち主なら、いくらなんでも話がうますぎると思うはずだ。甘い話には裏がある。騙されてからでは遅い。そう警戒して取り合わないのがまっとうな判断だろう。

でも、そうした当然の理性を持ち合わせていない人が世の中にはたくさんいる。お金配りの盛況ぶりはそんな事実をあらわにした。**参加した人たちは「私は無防備な力モです」と世間に自己申告したようなものだ。**

前澤さんがこれまで配ったお金は総額で30億円を超えるらしい。しかしそれで1000万人規模の情弱データベースを獲得したのだから安い出費である。さすがとしか言いようがない。

※19 前澤友作「【お年玉で社会実験】100万円を1000人に配る理由とは?」(note/2020年1月1日)

電話番号を教えた覚えがないのに、マンション購入や不動産投資などの営業電話がかかってくることがある。見知らぬ社名を名乗り、すこしお時間をくださ い、耳よりな話があります、そう言ってくる。でもまともに耳を傾ける人は少ない。よほどのことがないかぎり適当にあしらう。場合によっては一方的に電話を切るだろう。

でも営業する側も邪険《じゃけん》にされるのは慣れっこだ。彼らは名簿業者から買い取った個人情報リストを見て電話をかけている。そのリストのもとになっているのは、同窓会名簿の記載情報、あるいは通販利用や各種資料請求の登録者情報などだ。

ようするにこれといった特色のない画一的な個人情報リストである。それを使って営業するのだから成功率は低くてとうぜんだ。断られても断られても、ひたすら絨毯爆撃あるのみ。力業《ちからわざ》で契約をつかみ取っていくしかない。

では、かりに前澤さんが個人相手に営業をしかけた場合、そんなしらみつぶしの力業は必要だろうか。手元には情弱リストがある。甘い話に不用意に飛びつくような人たちのリストだ。すぐ欲に目がくらむような人たちのリストだ。

とうぜん余裕である。言葉巧みに誘えばイチコロだ。金融商品、保険商品、健康器具、サプリメント、子ども向けの教育商材。その気になればなんだって売れる。

もちろん前澤さんがそんな小さな商売に乗り出すとは思えない。とはいえ、日本を代表する実業家である。お金配りで取り込んだ人たちをなんらかのかたちで事業に活用するはずだ。

このところ、お金配りを装った詐欺が横行している。お金があり余っている。はたまた大病にかかって余命いくばくもない。そんな具合に虚偽の理由をこしらえ、SNSで多額のお金配りを呼びかける手口である。

それに飛びついたら最後だ。クレジットカード情報や銀行口座情報や暗証番号を求められる。あるいは手数料を要求される。時間がない、いますぐにと急かされる。そして慌ててそれに応じると連絡が途絶えるのである。そこでやっと騙されたことに気づくわけだ。時すでに遅しである。

世の中、そうそううまい話はない。あるとすればその大半は詐欺だ。でもそうしたごくまっとうな判断ができない人がいかに多いことか。いま、あらゆる詐欺が巧妙化し、組織化され、拡大している。下手をすると振り込め詐欺の受取口座に利用され、犯罪の片棒を担ぐことにもなりかねない。

お金はもらうものではない。自分で稼ぐものだ。お金配りに近づくべきではない。

良い借金、悪い借金

喜んで借金をする人はいないだろう。借金にはさまざまなリスクがからむ。でも借金＝悪ではない。肝心なのは費用対効果の見極めである。借金は時として頼もしい味方になりうる。

「良い借金」とはあなたの未来を切り開く自己投資のことだ。そして「悪い借金」とはあなたの未来を閉ざす自己破壊のことだ。

私は大学在学中にウェブサイトの制作会社を立ち上げた。１９９６年のことだ。かつてはいまと違って、会社を興すにはまとまったお金が必要だった。しかし学生の私にそんな蓄えはない。

世はＩＴ革命の前夜である。これからインターネットが世界を変える。そこに無限の金脈がある。私はそう確信していた。飛び込むならいましかない。そこで当時つき合っていた彼女の父親から600万円を借りて設立資金にあてた。

学生の身で600万円。なかなかのリスクである。でもその借金があったからこそIT革命の波にジャストで乗ることができた。彼女の父親には感謝しかない。もし自力で資金を貯めることになったら、間違いなく機を逃していた。

自分で言うのもなんだが、まさに「良い借金」の典型だろう。


かたや、そうしたレバレッジのない借金は無意味だ。ろくでもない。まして金利の高い借金はその時点で最悪だ。完全に「悪い借金」である。そしてそれはあなたのすぐ身近にある。

消費者金融、銀行のカードローン、クレジットカードのキャッシング。どれひとつ関わってはいけない。その金利は暴力的な高さだ。消費者金融の金利の相場は年18%である。たとえば株式投資で期待できる利回りはせいぜい5%程度。つまり100万円を投資した場合、損をするかもしれないというリスクを抱えて年5万円の利益を目指すわけだ。

一方、消費者金融で100万円を借りた場合には、確実に年18万円の利息が発生する。確実にだ。つまり消費者金融会社はゼロリスクで18万円を得られるのである。ボロい商売だ。かくして、あなたはボラれる。

消費者金融に比べて、銀行のカードローンや、クレジットカードのキャッシングだと借入の心理的ハードルが下がる人が多いようだ。消費者金融よりもいくらか健全なイメージがあるのだろう。でもまさに単なるイメージの違いだ。カードローンもキャッシングも金利の高さは消費者金融に引けを取らない。これも確実にボラれる。

そして借金のなかでいちばん悪質なのがクレジットカードのリボ払いだ。リボ払いとは、その月の利用金額や件数にかかわらず、あらかじめ決めた一定額を毎月支払う決済方法のことだ。「無理なく計画的にお支払いいただけます」などとカード会社はカジュアルに勧めてくる。罠である。リボ払いの金利もまた消費者金融並みのバカ高さだ。その相場は年15~18%である。

リボ払いは恐ろしい借金システムだ。10万円の買い物をしてそれをリボ払いで毎月1万円ずつ支払っていくとする。初回に払う1万円の内訳は「元金（買い物に使った金額）＋利息」となる。そしてリボ払いが怖いのはここからだ。**次回以降は残りの「元金＋利息」に対して利息がかかっていくのである。つまり利息に利息が上乗せされるわけだ。**ただでさえ高い金利がより力を増して襲いかかってくるのである。

月々の支払いを少なく抑えられるからといって、リボ払いの利用額を増やすとさらに事態は悪化する。利息の概算金額（参考値）は次のとおりだ（金利15％の場合）。

〈リボ払い利用額10万円／月々の支払額1万円〉＝〈利息総額7000円（参考値）〉

〈リボ払い利用額50万円／月々の支払額1万円〉＝〈利息総額30万円（参考値）〉

月々の支払い金額が少ないほど、利息の割合は大きくなる。返済が長期になるほど、利息の金額は膨らむ。かくして借金は雪だるま式に増えていくわけだ。リボ払いは借金地獄の入り口である。近寄るな。


借金自体は悪いものではない。目的とリスクを見極めたうえでの借金は、あなたの力強い支援者となる。しかし高金利の借金は、あなたを破滅に追いやる悪魔だ。

生活費がない。大きな出費が発生した。そんなとき悪魔がささやきかける。でも冷静に周りを見渡そう。親族、友人、知人。頼れる相手がいるはずだ。余計なプライドは捨ててあたまを下げるのだ。だれしも人生でつまずくときはある。おたがいさまだ。

国、行政、ＮＰＯ。そこにもさまざまな生活支援制度が設けられている。みんなで支え合うために私たちは税金を払っているのだ。なんとかなるように世の中はできている。悪魔に縋《すが》る理由はどこにもない。

リボ払いの支払いシミュレーション

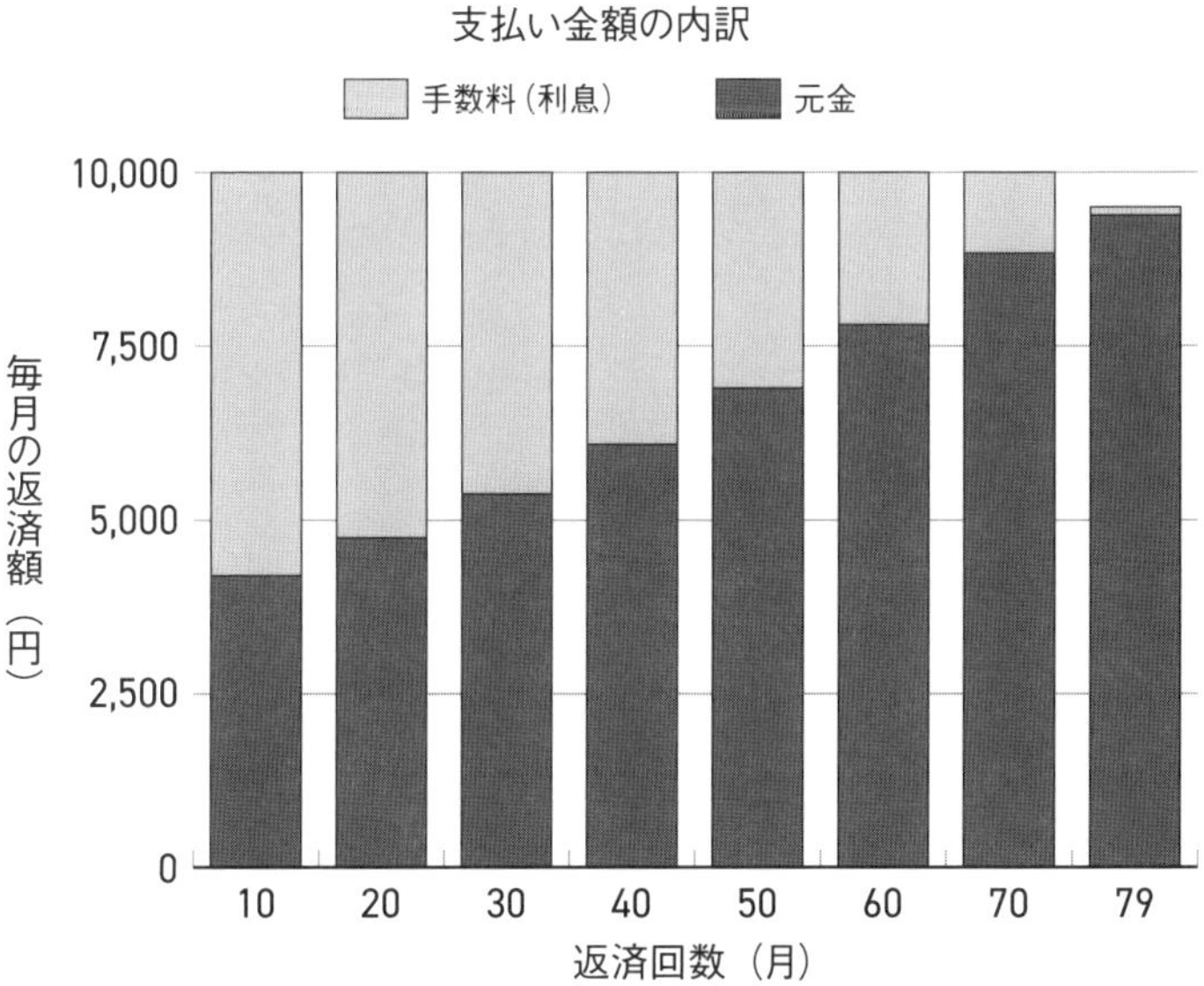

利用額50万円/月々の支払額1万円/元利定額方式でシミュレーション

高い金利と複利の効果により、手数料(利息)が雪だるま式に膨らんでいく。
この場合、24か月目まで月々の支払いの半分以上が手数料に消えてしまう。

→元金がほとんど減らず、借金地獄から抜け出せない!

「現金」にひそむ深い闇

2024年7月、20年ぶりとなる新紙幣が発行された。1万円札には渋沢栄一、5000円札には津田梅子、1000円札には北里柴三郎。最先端の偽造防止やユニバーサルデザインがほどこされ、日本が世界に誇る印刷技術の粋を集めたものだ。

しかし、いま日本は高度なデジタル社会を目指している。果たしてこんな手の込んだ新札が必要だったのだろうか。ナンセンスである。むしろ政府は今後、現金の廃止に向けて本腰を入れるべきだ。

現金廃止は公正な社会を実現する。多くの善良な国民に恩恵をもたらすのである。

現金はその匿名性ゆえに不正を招きやすい。賄賂や脱税といった違法行為の大半は、足がつきにくい現金によって行われている。

現金の特性を悪用した脱税は、私たちの身近な場所にもはびこっている。たとえばあなたがお店で現金を支払ったとする。もし、そのお店がその売上げを帳簿に記載しなかったらどうなるか。その時点で脱税が完了する。店主が売上げの一部をそのまま懐に入れたところでだれもわからない。記載のない売上げはこの世に存在しないも同然だ。税務署もそうそう見抜けるものではない。

特に飲食店では、食材の廃棄や従業員のまかないなど、在庫管理があいまいになりがちだ。現金決済と組み合わせれば、脱税の温床となることは想像に難くない。

もちろん、ほとんどの飲食店は適正に納税している。でも不届き者もいる。その気になれば過少申告なんて造作もないだろう。現金取引はブラックボックスなのだ。

かたやキャッシュレス決済の場合はすべて可視化される。その取引情報の詳細が決済事業者（クレジットカード会社など）のデータベースに記録され、税務申告の際にはその売上げデータを用いることになる。とうぜん過少申告も改ざんも行われにくい。

キャッシュレス化が普及すればするほど、税金の取りっぱぐれは減っていくわけだ。まじめに納税している人々にとって公正な社会になっていく。

キャッシュレス化推進のメリットはそれだけではない。国の支出も削減できる。「1

円玉の製造コストは3円」「1万円札の原価は22円」といった雑学を知っている人も多いだろう。現金を製造するには大きなコストがかかる。くわえて保管・流通コストも発生する。そしてそれは私たちが納める税金でまかなわれている。

もちろん、キャッシュレスでも決済システムをはじめとした運用コストはかかる。それでも現金に比べれば安くつく。

かりに国内のキャッシュレス決済比率が80%になった場合、約5兆円の決済コストが発生する一方、約7兆円の経済効果・コスト削減が見込めるとの試算も出ている。※20

とはいえ、さすがに現金をいきなり廃止するわけにはいかないだろう。さまざまなハレーションが起きてしまう。そこでまずは1万円札や5000円札の高額紙幣から段階的に廃止していくのが現実的だ。かりに1000円札で賄賂をやり取りしようとすれば、従来の10倍の紙幣が必要になる。物理的負担や保管コストも増える。不正の抑止効果はあるはずだ。

高額紙幣が廃止されれば、とうぜんキャッシュレス化は加速していく。お年玉やご祝儀にも電子マネーが使われるようになるだろう。

※20 キャッシュレス推進協議会「キャッシュレス・ロードマップ2022」（2022年6月）

政府は新札発行などという時代錯誤の政策ではなく、すみやかに現金廃止に向けて舵を切るべきだ。政府にとってもそのほうがメリットは大きいはずだ。

それなのに日本のキャッシュレス化はなかなか進まない。現在、日本のキャッシュレス決済比率は約40％だ。お隣の韓国は95％、中国も80％を超えている。[※21]

なぜ日本は立ち遅れているのか。その理由は「現金がなくなると困る人」が政財界に大勢いるからなのかもしれない。私は陰謀論を好まない。しかし強い抵抗勢力が裏でうごめいているのではないかと勘ぐりたくなる。

現金の闇は深い。だからこそ断ち切っていく必要があるのだ。

※21　経済産業省「2023年のキャッシュレス決済比率を算出しました」（2024年3月29日）
キャッシュレス推進協議会「キャッシュレス・ロードマップ2023」（2023年8月）

搾取し、搾取される現金信者

コンビニのレジで小銭をちまちま数える客。それを無表情で見守る店員。同じく無表情で行列をつくる客。小銭を数えている当人を除き、みんなイライラを押し殺している。店内に密かな緊張感が漂う。——現金信者が招く、おなじみの不毛な光景だ。

現金信者がレジで小銭を数えるのは小銭を増やしたくないからだ。そんなに小銭が嫌なら最初から小銭を持たなければいい。電子マネーでピッとやればいい。でもあくまで現金にこだわる。現金にこだわるくせに小銭は嫌うのである。理解に苦しむ。

ＪＣＢが行った実証実験によると、レジでの会計時における現金決済の所要時間は、キャッシュレス決済よりも16秒遅いそうだ。※22 たかが16秒と侮ってはいけない。ちりも積もればなんとやらだ。

全国のコンビニの１日当たりの総来客数は約４４００万人に及ぶ（約5万5000店）。

※22 JCB「決済速度に関する実証実験結果」（2019年8月28日）

そしてその半数以上がいまだに現金払いだという。[※23] となると、それによって被《こうむ》る1日当たりの時間損失は、コンビニ全店総計でゆうに6000時間を超えるわけだ。特に駅前や繁華街にあるような客足の途切れないコンビニでは、現金払いの対応が大きな負担となる。そのぶん人件費がかさむのだ。

もちろんそれはコンビニにかぎった話ではない。スーパーにしろドラッグストアにしろ、レジ会計の頻度が高い業種にとって現金払いは厄介だ。つり銭の管理も大変だし、レジ締め作業も煩瑣《はんさ》になる。

ただでさえ日本は人手不足だ。そのかぎられた労働力を現金信者が食い散らかしている。業務の省力化を阻んでいるのである。つまり日本の生産性向上の足を引っ張っているのだ。

「キャッシュレスだとお金を使っている実感がない。だからつい使いすぎる。それが怖い」現金信者はだいたいそんなことを口走る。

現金払いならその場で使ったお金はなくなる。でもキャッシュレス払いはそうではない。あとでカード会社からまとめて請求される。その後払いが怖い。そんな理屈である。意味不明だ。大の大人が情けない。なにをどう使ったのかという買い物の感触

※23　日本フランチャイズチェーン協会「コンビニエンスストア統計調査年間集計（2023年1月から12月）」
キャッシュレス推進協議会「コンビニエンスストア決済動向調査」（2024年7月17日）

で、その月の出費がどれくらいになるかは容易に予測がつくだろう。

後払いだからといって浪費してしまうような人は、そもそも金銭感覚がおかしいのである。キャッシュレスうんぬん以前に、自分の経済観念の心配をしたほうがいい。無駄遣いしない。衝動買いしない。それさえ守ればいいのだ。小学生でもわかる。

「キャッシュレスだと不正利用が心配」そう眉をひそめる現金信者もいる。不憫だ。典型的な情報弱者である。

電子マネーで不審な取引があると、決済事業者（クレジットカード会社など）が本人にアラートで知らせてくれる。場合によっては不正利用の被害がないかどうか電話で確認がくる。そして不正利用があったならカード会社が補償してくれるのだ。

かたや現金だとそうはいかない。紛失や盗難にあっても追跡するのは困難だ。安全性の面でも電子マネーのほうが有効なのである。

ようするに現金信者は雰囲気で現金を信奉しているにすぎない。なにもわかっていないのである。現金払いを貫こうがキャッシュレス決済の運用コストを負担しなければならないという事実。そしてその負担はキャッシュレス派よりも大きいという事実。

どちらもわかっていないはずだ。

客がキャッシュレス払いをすると、お店は決済事業者に手数料（決済金額の3～10％）を支払う必要がある。となると、とうぜんお店はその決済手数料分を上乗せして商品価格を設定するだろう。客は「商品の本体代金＋決済手数料」を実質的に支払うわけだ。キャッシュレス払いだろうが、現金払いだろうが支払うのである。

ただしキャッシュレス払いの場合、そこで1％前後のポイント還元を得られる。つまりそのぶん手数料負担は減る。一方、現金払いの場合、ポイント還元はない。**現金払いは明らかに損である。キャッシュレス派の手数料を肩代わりしているのだ。**でもこの悲しいからくりに現金信者は気づいていないのだろう。

日本の生産性を搾取し、みずからも搾取される現金信者。まさに矛盾に満ちた存在だ。現金のメリットは皆無である。それどころか有害だ。

なにが得で、なにが損なのか。なにが有益で、なにが不毛なのか。雰囲気で決めつけず、合理的に判断すべきだ。そうしてひとりひとりが行動してはじめて日本は強くなる。みんなが幸せになれるのだ。

電気代高騰の対処法

2022年以降、日本では電気料金の高騰が続いている。2023年の冬には北海道や東北地方でひと月の電気代が10万円を超える家庭も相次いだ。

電気代高騰のおもな原因は3つである。ロシアのウクライナ侵攻、円安、そして原子力発電所の稼働停止だ。

日本では現在、化石燃料による火力発電が全発電量の70%以上を占めている。火力発電に大きく頼っている状態だ。火力発電燃料の主力はLNG（液化天然ガス）と石炭である。全発電量のうちLNGが34%、石炭が31%を担っている。[※24] しかし日本は化石燃料の資源が極端に乏しい。だからそのほぼすべてを輸入でまかなっている。

電気代が高騰したのはLNGの価格が跳ね上がったためだ。その大きな引き金になったのが2022年2月から現在まで続くロシアのウクライナ侵攻である。欧米諸国

※24 資源エネルギー庁「2022年度エネルギー需給実績（確報）」（2024年4月12日）

を中心に大規模な対ロシア経済制裁が取られたことでロシア産天然ガスの供給が細り、ＬＮＧ価格が世界的に上昇したのだ。

さらに日本に追い打ちをかけたのが記録的な円安である。ＬＮＧ価格上昇と円安というダブルパンチ。それで大手電力各社は値上げを余儀なくされた。

くわえて日本にとって痛手なのは、多くの原発が停止していることだ。原発１基の稼働は、ＬＮＧの年間使用量１００万トンに相当するという。原発の発電能力は圧倒的だ。しかし東日本大震災から13年経過したいまもなお、再稼働は遅々として進んでいない。２０２３年度の原発稼働率は29％にとどまっている。※25 現在、稼働している原発は、関西電力の７基、九州電力の４基、四国電力の１基だ。

日本の発電用原子炉には、沸騰水型（ＢＷＲ）と加圧水型（ＰＷＲ）の2種類がある。震災で事故に見舞われた福島第一原子力発電所は沸騰水型だった。そのため沸騰水型原子炉の再稼働の審査基準は非常に厳しく設定されている。それが再稼働の道を阻んでいるのだ。※26

再稼働中の原発12基はいずれも加圧水型原子炉である。**そしてその加圧水型を稼働させている関西電力と九州電力の電気代は他に比べると安い。地域間の電気代格差と**

※25　日本原子力産業協会「国内原子力発電 2023年度設備利用率は28.9%」（2024年４月16日）
※26　2024年11月、東北電力の女川原子力発電所が再稼働する予定。沸騰水型原子炉としては初めての再稼働となる。

いうかたちで原発の有用性が証明されているわけだ。

いま日本のエネルギー自給率はわずか13％である。[※24] これは先進国のなかでも極めて低い。海外からの輸入に頼りきっている状況だ。しかし化石燃料の資源には限りがある。インド、タイ、フィリピンといった経済発展が著しい国では今後、電力消費量が急増するはずだ。となると資源の獲得競争はいっそう激しくなっていく。

日本は今回のＬＮＧ価格の上昇のみならず、これからさまざまなエネルギー危機に瀕する可能性がある。そのたびに電気代が高騰するようではたまらない。

原発の再稼働はなんとしても必要だ。現在、日本で稼働停止中の原発は24基。宝の持ち腐れである。原発の再稼働を推し進められるのは世論であり、私たち有権者の力だ。

「原発は危険だ」という声は根強い。**しかし日本において原発事故による一般人の直接的な死者はゼロ人だ。**東日本大震災後には全国の原発で津波対策が強化され、２０２４年１月に起きた能登半島地震でも安全性に問題はなかった。

無責任な左翼政治家や左翼系メディアに踊らされることなく、現実を見据えよう。

とはいえ、近いうちに原発の再稼働が一気に進むことはないだろう。電気代の高騰は落ち着くどころかさらに拍車がかかるかもしれない。とうめん私たちにできる対策は、契約する電力会社の見直し、断熱材の導入、ＬＥＤ電灯への変更、古い電化製品の買い替えだ。

個人でできるかぎりのことはすべてやる。それで目下のピンチはしのぐしかない。

第 3 章

「ビジネス」の勝算

やっていいこと、
悪いこと

デジタル化を邪魔するITゼネコン

日本のデジタル化は世界で大きな後れを取っている。スイスのIMD（国際経営開発研究所）が発表した2023年の「世界デジタル競争力ランキング」で日本は32位に甘んじた。2017年の調査開始以来、過去最低の順位だ。※1

日本のデジタル化促進を阻む最大の要因は、ITゼネコンに依存したシステム開発にある。ITゼネコンとは、NECや富士通といったシステム開発の元請け企業のことだ。彼らは行政機関や大企業のシステム開発を担っている。

ただし、その開発を直接手がけるわけではない。実作業はすべて下請けに丸投げする。そして丸投げされた下請けはさらに別の下請けに仕事を振る。**かくして二次、三次、四次と続く、複雑怪奇なピラミッドが形成されるのである。**

※1 IMD「世界デジタル競争力ランキング2023年」（2023年11月30日）

この何重にも及ぶ下請け構造は、２つの大きな問題を引き起こす。ひとつは、言うまでもなく開発費用が膨れあがってしまうことだ。

そしてもうひとつが、システム開発の品質低下である。各下請けは与えられた部分的なミッションをこなすだけだ。プロジェクト全体においてそれがどんな意味を持つのかを正確に把握しているわけではない。下請けの下請けともなればなおさらだ。プロジェクトの完成イメージが十分に共有されないのである。

するとどうなるのか？　開発の最終段階でいろんな齟齬《そご》が生じてしまう。そしてその際の責任の所在もあいまいだ。よって開発現場はカオスと化し、そのカオスをやっつけながらなんとか完成に漕ぎつけるわけだ。それでいいものに仕上がるはずがない。

下請けの連鎖においてなにより最悪なのが、能力の低いプログラマーが加わってしまうことだ。かつて私が駆け出しのプログラマーだったころ、五次請けのオファーをもらったことがある。ひどい条件だった。もちろん即座に断ったが、そんな悪条件でも引き受けるプログラマーがたくさんいるわけだ。ほかに仕事がないのだろう。能力不足だから仕事がないのだ。**その程度のプログラマーたちが、行政機関や大企業のシステム開発の一端を担っているのである。**

ＩＴゼネコンの闇は深い。ＩＴゼネコン依存の弊害が如実にあらわれたのが、みずほ銀行のシステム障害問題だ。みずほ銀行は２００２年に３行（第一勧業銀行、富士銀行、日本興業銀行）が統合して誕生して以来、勘定系システムの刷新におよそ４０００億円もの費用を投じてきた。しかし、いつまで経っても安定した運用に漕ぎつけられない。たびたび不具合をきたしてはＡＴＭを止め、利用者を困惑させた。そして２０２１年には年間で９回ものシステム障害が発生。金融庁から業務改善命令を受け、頭取ら３人が責任を取って退陣する事態にまでなった。

この勘定系システムの開発を仕切ったのももちろんＩＴゼネコンだ。そして実際の開発には実に約１０００社のＩＴベンダーが参加したと言われている。[※2]

ＩＴゼネコンに対する過度な依存は、日本のエンジニア業界にも深刻な影を落とす。ＩＴ人材の育成をさまたげているのである。

多くのＩＴゼネコンは優秀な理系学生を毎年、大量採用する。しかし入社した彼らのおもな業務は単なる仕様書の作成だ。実際のシステム開発は下請けが行う。ＩＴゼネコンの社員は実践的なエンジニアリング能力を獲得する機会がない。そしてかつて優秀だった理系学生たちは組織のゼネラリストとして出世を目指す。ＩＴゼネコンは

※2 日経クロステック「みずほシステム統合の謎、参加ベンダー『約1000社』の衝撃」（2019年9月6日）

優れたエンジニアの芽をつぶしているわけだ。

日本でＩＴゼネコンがずっと幅を利かせているのは、発注者側に知識や能力が欠如しているためである。さらにＩＴゼネコンは官僚らの天下り先にもなっている。ようするにＩＴゼネコンと発注者側は癒着関係にあるわけだ。

彼らは甘い汁を吸い、今日もまた粗雑なシステムをこしらえる。それによる不便を被《こうむ》るのは私たちである。

しかし日本のこの悪しきＩＴゼネコン依存は終焉を迎えるかもしれない。そのカギをにぎるのが２０２１年に発足したデジタル庁だ。

デジタル庁は行政システムの抜本的な効率化を推進している。さらに医療や教育や農業といった民間分野のＤＸ（デジタルトランスフォーメーション）にも乗り出した。つまりＩＴゼネコンの既得権益に大ナタが振るわれつつあるのだ。

ＩＴゼネコン一強の時代が終わる。そしてその先にデジタル大国・日本が誕生するだろう。

株式会社を設立するメリット

いま、株式会社の設立が急増している。2023年に誕生した株式会社の数は全国でおよそ10万1400社。2000年以降、株式会社の新設が10万社を超えたのは今回が初だ。この急増のおもな要因は心理的ハードルの低下らしい。[※3]

たしかに、インターネットやスマホの普及でビジネスの幅は拡がり、特技や趣味を生かしたマネタイズがしやすくなった。フリーランスや副業も一般化し、個人事業主からスタートして一定の売上げを達成したら株式会社設立を検討する人も増えている。しかし、株式会社の本質やメリットを正確に理解している人は少ないようだ。

そもそも株式会社とは「株式を発行して資金を集め、その資金で運営する会社」である。ようするに投資家から資金を集めやすくするための仕組みだ。まとまった資金があればビジネスを力強く推進できるし、優秀な人材も確保できる。

※3 帝国データバンク「『新設法人』調査（2023年）」（2024年5月28日）

かたや個人事業主の場合だと、資金調達の手段は限られる。自己資金や銀行融資に頼らざるを得ない。蓄えをつくるにも、銀行から信用を得るにも時間がかかる。そのあいだにビジネスチャンスを逃してしまうかもしれない。

株式会社化したところでそう簡単に資金が集まるの？　そんな疑問もあるだろう。たしかに経営者の実績や事業内容に大きく左右される面は否定できない。しかし株式会社であれば出資（株式などと引き換えに資金援助すること）のオファーがしやすくなるのは事実だ。

「株式会社に対する出資」と「個人事業主に対する融資」は、投資家にとって資金提供という点で同じである。しかし株式会社への出資は大きなリターンが期待できる。

たとえば、出資して株主になると利益の一部を配当金として受け取れる。その会社の事業が順調に拡大し、株式上場や会社売却をすることになれば、上場益や売却益も得られる。これは投資家にとって非常に魅力的だ。

一方、個人事業主への融資の場合だと、投資家が得られるのはせいぜい「元本＋利子」程度である。うま味はほとんどない。

株式会社に出資するメリットはリターンの大きさだけではない。株式会社の特徴として「有限責任」というものがある。有限責任とは、出資者の責任が出資額に限定されるということだ。たとえば100万円を出資した場合、その会社が破綻しても出資者が被《こうむ》る損失は最大100万円だ。最悪で100万がゼロになるだけだ。その会社が大きな負債を抱えても出資者に債務が課されることはない。

この有限責任が適用されるからこそ、出資者はリスクを抑えつつ積極的な投資ができるわけだ。

ひと昔前まで株式会社の設立には、最低1000万円の資本金が必要だった。それが2006年の会社法改定により最低資本金制度が撤廃され、いまやわずか1円の資本金でも設立できるようになった。株式会社設立に際して資本金自体のハードルは存在しないわけだ。

ただし、株式会社ともなれば、決算報告書の作成や株主総会の開催が義務づけられる。また税務や財務の手続きも複雑だ。それらが適切に遂行されない場合、法的なペナルティを受ける恐れもある。事業主には会社経営に関する十分な知識と責任が求められるのだ。

株式会社の設立自体は容易だが、その先にはなかなかタフな作業が待っている。会計や人事労務にまつわる専門知識がない人は、税理士や社会保険労務士の力を借りなければならない。そこにはとうぜん専門家報酬が発生する。

そうした込み入った実務をともなう株式会社に比べると、個人事業主はやはり気楽だ。個人事業主なら青色申告をすれば、最大65万円の特別控除を受けられる。また自宅を事務所として利用しているなら、家賃や光熱費の一部を経費計上することもできる。税務上の事柄だけではない。個人事業主の最大のメリットは、自分のペースで自分のやりたいように仕事ができることだろう。

株式会社の仕組みを上手く活用できるなら、株式会社化しない手はない。しかしそこに大きなメリットを見込めないなら、個人事業主のままで十分だろう。選択肢はいくらでもある。それぞれの適性に合った多様な働き方を実践していく。それがこれからの正しい生き方である。

なぜ起業家は「上場」を目指すのか

多くの起業家が夢見る「株式上場（上場）」。株式上場とは、自社の株式を証券取引所で売買できる資格を得ることだ。

株式上場によって、その企業は事業スケールを大きく拡大できる。最先端の製造ラインを備えた新工場の建設。グローバル展開のための積極的な人材獲得。それらを速やかに行ううえで株式上場は有力な選択肢となる。

自社の株式を証券取引所で売買できる。それはつまり不特定多数の投資家から資金を募ることができるということだ。**この不特定多数というのがミソになる。**

たとえば全財産が５００万円の人にその全額を投資してもらうのは無理だろう。でも１００万円や10万円、あるいは１万円なら投資してもらえるかもしれない。多くの投資家を募ることにより多額の資金調達が実現するわけだ。

その企業が新規に上場し、株式を売り出すことを「ＩＰＯ（新規公開株式）」という。また、すでに上場している企業が新たな株式を発行することを「公募増資」という。上場企業はＩＰＯや公募増資を通じて数億、数十億、ときに数百億円の資金調達ができる。非上場企業ではとうてい及ばない規模である。

もちろん非上場企業でも資金調達は可能だ。しかし50名以上から資金を集める場合、金融商品取引法の規制を受ける。この規制は厳しく、手続きも煩雑であり、現実的な選択肢とは言い難い。49名以下であれば手続きは簡略化されるが、いかんせん少人数だ。上場企業に比べると、どうしても資金調達力は劣る。

株式上場のメリットは資金調達の効率性だけではない。ビジネスを行ううえで、もうひとつ大きな武器が手に入る。それは社会的信用だ。

株式上場を果たすには、証券取引所の審査をクリアしなければならない。この審査はかなり厳しい。証券取引所の最優先事項は投資家保護だ。投資家が安心して株式の売買ができる環境を提供するのが使命である。

だから上場審査においては、財務状況や経営の将来性、そして反社会的勢力との関係の有無にいたるまで徹底的に洗い出される。とうぜん嘘偽りは許されない。

晴れて株式上場となったあとも経営者は気が抜けない。証券取引所はずっと目を光らせている。株式の時価総額や流通量など一定の基準をキープできなければ上場廃止になってしまう。

ようするに株式上場とは非常に高いハードルなのだ。そしてだからこそ価値がある。企業にとってそれは勲章だ。その勲章は絶大な社会的信用をもたらす。つまるところビジネスとは信用のやり取りである。**資金調達力と社会的信用。上場企業はビジネスのかなめを手中に収めているのである。**

とはいえ、株式上場はあくまでスタートラインにすぎない。そこからが本当の勝負である。事業規模を拡大し、企業価値をさらに高め、社会にイノベーションを起こす。次のステージに向けた、あくなき挑戦がはじまる。

しかし近年、ベンチャー界隈で「上場ゴール」という言葉をよく耳にするようになった。上場ゴールとは、上場企業が上場時の株価（IPOの株価）を一度も超えられないまま低迷してしまう事態を指す。株価は企業の通信簿のようなものだ。上場ゴールと評されるのは経営者にとって屈辱以外のなにものでもない。また、企業の成長を信じて投資してくれた投資家に対する裏切りでもある。上場ゴールは本来あってはならない。

百歩譲って、必死の経営努力が実らずに上場ゴールになるのはやむを得ない。経営者の実力不足だ。それを見抜けなかった投資家にも落ち度はある。

ただし、なかには最初から上場ゴールを狙っていたとしか思えない企業も見受けられる。ＩＰＯにより創業者やベンチャーキャピタル（未上場企業に対して積極的に出資する投資会社）はひと財産築ける。しかしその利益獲得だけが目当てで、ＩＰＯ後はなかば事業放棄してしまうわけだ。一般の投資家はババを引かされたようなものだ。株式上場の意義を著しく損なう行為である。

株式上場によって企業は「資金・信用・人材」という原動力を手にする。それを最大化し、事業を力強く推し進め、さらなるスケール化を目指す。そして投資家の期待に応え、社会に貢献する。それが上場企業のあるべき姿だろう。

社会に革命を起こす。日本をより良くする。そのためにすべてを捧げる。そんな真の起業家精神を持った人物を私たちは待っている。

非上場を貫くスペースX

株式上場は、その企業に「資金・信用・人材」をもたらす。それはビジネスを加速させる大きな原動力であり、何物にも代えがたい武器である。しかし世の中、すべてはトレードオフだ。株式上場には株式上場ならではの難点もある。

経営戦略が筒抜けになるリスク。上場維持（事業継続）にかかる多額のコスト。株主からの容赦ない圧力。経営者にはこれらに立ち向かう覚悟が必要だ。

なぜ経営戦略が筒抜けになるのか。年に一度、有価証券報告書を公開しなければならないからだ。有価証券報告書とは、その企業のその年度の事業状況や経理状況をつまびらかに記した文書のことだ。有価証券報告書の作成と一般開示は、上場企業に課せられた法的義務である。

有価証券報告書は、投資家に適切な投資判断をうながすことを目的に公開される。

だからだれでも自由に閲覧できる。つまり競合会社も閲覧できるわけだ。有価証券報告書に記されるのはあくまで数字実績に基づいた情報である。商品の製造方法、あるいはサービス展開のノウハウといった企業秘密まで明かす必要はない。

とはいえ同業他社であれば、そこに記された情報以上の情報を読み解くことはさして難しくない。あらゆる分析、推論を巡らすことができる。

つまり有価証券報告書の開示は、その企業にとって自分の手牌を見せながら麻雀を打つようなものだ。敵に塩を送るに等しい行為なのである。

また上場企業は、上場そのものに対するコストが発生する。さきに述べた有価証券報告書にしても、その作成にあたっては大きな労力がかかる。記載内容に誤りは許されない。よって不備やミスリードがないかどうか、公認会計士や監査法人の監査が義務づけられている。そこで発生する一連のコストはバカにならない。

くわえてこれは義務ではないものの、プレスリリースを用いたさまざまな情報発信や、新商品・新サービスの説明会の開催といった、こまめなＩＲ活動（投資家向け広報）も欠かせない。

これらは「上場コスト」と呼ばれており、会社規模によっては年間で数億円単位の支出になる。

そして上場企業にとっていちばんの難題は、株主の圧力だろう。経営者にとって株主は最大の支援者である。運命共同体だ。だからこそ時に厄介なのだ。

業績が悪化して株価が下がれば、とうぜん株主は黙っていない。業績不振が続くようなら経営陣の刷新を迫られる。そんな事態に陥らないよう、経営者は短期の収益獲得を念頭に事業方針を決定していかなければならない。そうして企業価値を高め、株価を高め、つねに株主の期待に応えていく。それが上場企業の使命であり宿命だ。

しかしその一方で、企業が企業として持続的に発展するためには、長期的な成長戦略も不可欠である。短期的利益を確保しつつ、長期的な成長も目指す。この両立を見据えた経営はなかなか骨が折れる。

経営者の描く将来的なビジョンが、株主の圧力で潰えるケースは珍しくない。そのリスクを嫌うなら、株式上場はすべきでないだろう。

イーロン・マスク氏率いるスペースXはまさにそうだ。**「人類を火星に送る」という壮大なビジョンを守るため、非上場を貫いている。**スペースXは2024年5月時点で、自社の企業価値を約２０００億ドル（約31兆円）と評価しており、かりに上場すればマスク氏をはじめとする既存株主たちは莫大な資産を得られる。※4　しかしスペースXに株式上場という選択肢はない。

マスク氏の掲げるビジョンが実現すれば、輝かしい偉業として人類史に刻まれるだろう。スペースXは利益よりも経営の自由を優先しているのだ。株主の干渉を避け、あくまで火星を目指すのである。

あえて非上場にとどまる大企業は日本にもたくさんある。サントリー、ロッテ、JTBなどがその代表格だ。

べつに株式上場を果たすことが絶対的な正解ではない。上場は大きなメリットをもたらすが、そのぶんデメリットもある。経営者にとってまさに諸刃の剣だ。上場はあくまで手段のひとつである。

だれからも口出しされず、自分の理想を追求したければ追求すればいい。そのわがままが許されるのもまた経営者冥利《みょうり》である。

※4　日本経済新聞「スペースXの企業価値31兆円　株式売却へ自社評価」（2024年５月24日）

楽天モバイルの功罪

2019年10月、楽天は鳴り物入りでモバイル市場に参入した。しかし、この挑戦が楽天グループ全体を危機的な状況に陥れてしまう。

2023年度の最終損益は3394億円の大赤字を計上。この巨額の赤字は、完全にモバイル事業が原因だ。2023年度のモバイル事業は最終損失3375億円の赤字である。一方で、楽天市場や楽天カードなど他の事業は好調だ。2023年度、インターネットサービス事業（楽天市場など）は768億円、フィンテック事業（楽天カードなど）は1229億円の黒字。ともに前年度に比べて増益もしている。[※5]

これらの膨大な利益をモバイル事業が食いつぶし、グループ全体の経営と業績を圧迫しているわけだ。

多くの人は「なぜ本業が好調だった楽天が、あえてリスクを冒してモバイル事業に

※5 楽天グループ「有価証券報告書（2023年度）」

参入したのか」と不思議に思うだろう。でもその理由は明らかだ。**日本のモバイル市場はとにかく儲かるのだ。シェアを確保できればドル箱ビジネスと化す。**

通信業界大手3社の2023年度の営業利益は次のとおり。NTTドコモ＝1兆1444億円、KDDI（au）＝1兆757億円、ソフトバンク＝8761億円。[※6] いずれも巨額の利益を叩き出している。しかもほぼ毎年、増収増益を達成しているのだ。

楽天はこの儲かりまくる市場に、第4の通信事業者（キャリア）として果敢に参入したのである。

しかし現実は甘くなかった。基地局などのインフラ整備に莫大なコストがかかり、巨額の赤字を垂れ流す始末である。とうぜんモバイル事業撤退を求める株主も少なくない。しかし三木谷社長は断固として引かない構えだ。現在の苦境を乗り越えた先にはドル箱ビジネスが待っている。楽天グループの資金が尽きるまで挑戦は続くだろう。

さてここでいちばん気になるのは、私たち一般ユーザーへの影響である。つまり今後のスマホ利用料の動向だ。楽天モバイルの売りはその利用料の安さだ。他のキャリアに価格競争を仕掛けているのである。そしてそれがモバイル業界に強烈なくさびを

※6　NTTドコモ「2023年度決算及び2024年度業績予想について」
KDDI「2023年度　業績分析」
ソフトバンク「2023年度　業績分析（通期）」

打ち込むことになった。

楽天がモバイル事業に参入する前、日本のスマホ利用料は高止まりしていた。2020年3月時点での日本におけるスマホの月額利用料の平均額は5121円（データ容量20GBの場合）。日本、アメリカ、イギリス、フランス、ドイツ、韓国の6か国中、日本は3番目の高さだった。4番目のドイツは3170円だ。実に2000円もの開きがある。

それが2021年12月時点になると一変する。日本のスマホ利用料は2376円と劇的に下がったのだ。同じ6か国中で2番目の安さである[※7]。この大幅な値下がりは、楽天モバイルによる価格競争が起爆剤になっている。事実、楽天の参入後、ドコモは「ahamo」、KDDI（au）は「povo」、ソフトバンクは「LINEMO」といった低価格プランを新設。楽天に対抗したわけだ。私たち一般ユーザーにとって価格競争の激化は大歓迎である。

では、今後も楽天モバイルは低価格路線を突き進むのだろうか。残念ながら、答えはノーだ。それは過去の事例が証明している。

ソフトバンクは2006年にモバイル事業に参入した。参入当初は激しい価格競争

※7　ICT総研「2024年1月 スマートフォン料金と通信品質の海外比較に関する調査」（2024年1月4日）

を仕掛けていたが、いまや「ソフトバンク＝安い」というイメージはない。3大キャリアの一角として莫大な利益を得ている状態だ。参入当初は果敢に値下げを仕掛ける新参者も、シェア数で他社と肩を並べると価格競争をやめてしまうのである。

楽天モバイルがこのさき軌道に乗れば、おそらく現在のソフトバンクのようになるだろう。もし楽天グループの資金が尽き、モバイル事業から撤退すれば価格競争の火は消えてしまう。いずれにしても、一般ユーザーにとって喜ばしいシナリオではない。

となると、一般ユーザーがスマホ利用料を確実に抑える手立てはなんだろう？　そう、格安ＳＩＭ（格安スマホ）である。次項で詳しく説明するが、いまの格安ＳＩＭを侮ってはいけない。

スマホ利用料の「海外比較」と「推移」
(データ容量20GB)

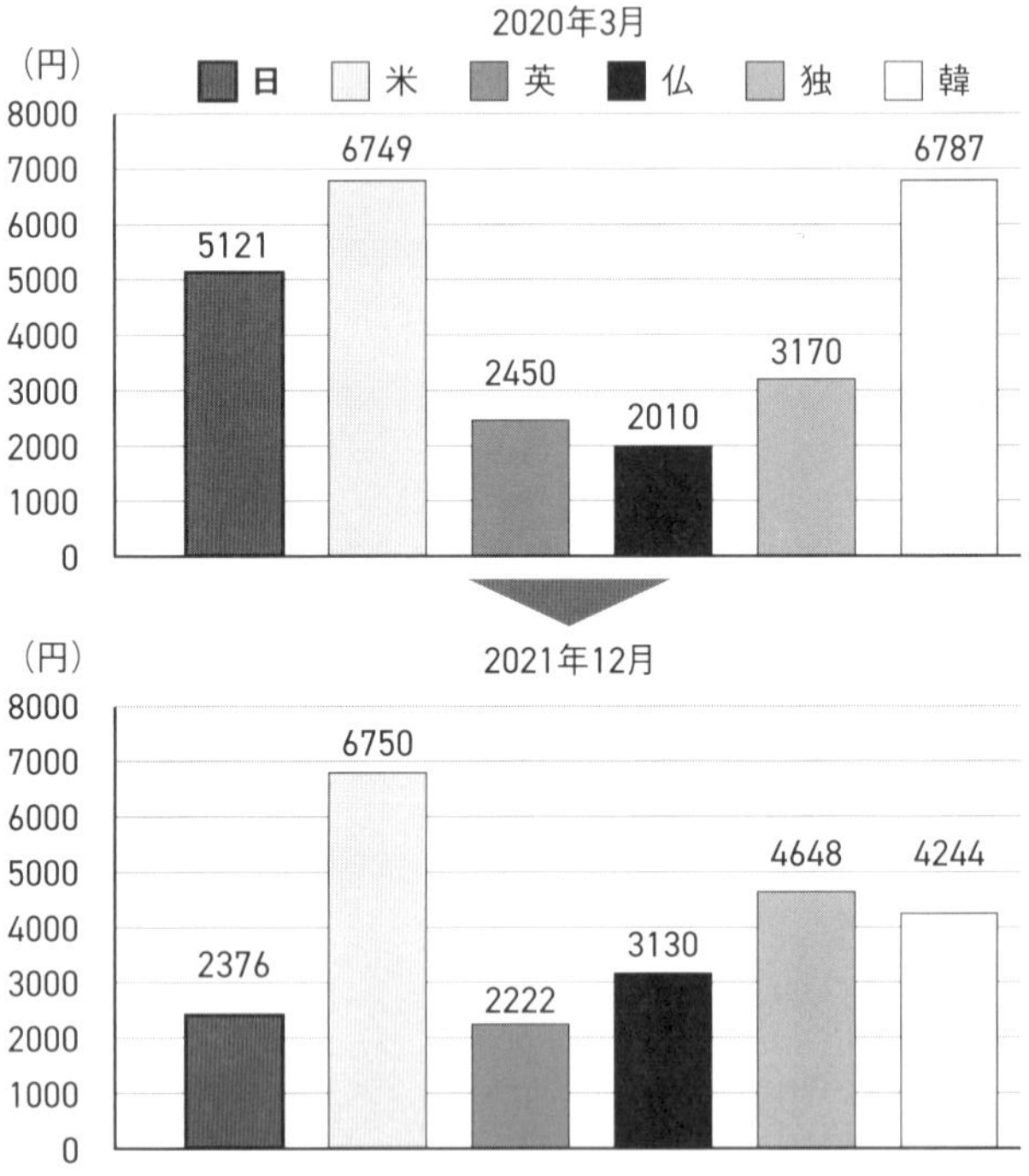

*2021年12月は、各国のMNOの5G対応料金プラン月額平均値(基本料金+データ定額料金)。
*2020年3月は、各国の上位3社のMNOの4G対応料金プラン月額平均値。
*上記データ容量の料金プランがない場合は、それを超える一番近いデータ容量のプランで比較。
*対象や条件を絞らず、誰もが契約できる料金プランで比較するため、契約に伴って自動的に適用される割引以外は考慮していない。

ICT総研「2024年1月 スマートフォン料金と通信品質の海外比較に関する調査」より

格安ＳＩＭを使え

かつて日本のスマホ利用料は驚くほど高額だった。そこに一石を投じたのが楽天モバイルだ。楽天モバイルの参入が引き金となってスマホ利用料は一気に下がった。でもこの価格競争がいつまで続くかは不透明だ。

今後のモバイル業界の動向に左右されず、いまこの瞬間から利用料を節約したいなら選択肢は一択。格安ＳＩＭ（格安スマホ）である。

そもそも通信事業者は、大きく2つに分類される。

ひとつはＮＴＴドコモやＫＤＤＩ（ａｕ）やソフトバンクに代表されるＭＮＯ（移動体通信事業者）だ。ＭＮＯはキャリアとも呼ばれ、多くの人がイメージする、いわゆる携帯電話会社がこれだ。自社の通信網を整備し、総務省から割り当てられた周波数帯を使ってサービスを提供している。

もうひとつはＭＶＮＯ（仮想移動体通信事業者）である。一般的には格安ＳＩＭと呼ばれている。ＭＶＮＯは、ＭＮＯから通信回線を借り受けてサービスを提供する。

ちなみに楽天モバイルは当初、ＭＶＮＯだったが、２０１９年からＭＮＯにシフトした。

ＭＶＮＯの最大の魅力は、ＭＮＯと同等の通信エリアを低料金で利用できる点にある。

たとえばドコモの回線を借りているＭＶＮＯの場合、ユーザーはドコモと同じ通信エリアをドコモよりも安く使えるわけだ。データ容量によっては月の利用料を１０００円以下に抑えられる。

とはいえ、ＭＶＮＯには「安かろう悪かろう」というイメージがつきまとっている。それで敬遠している人も多い。でも実際のところ、その通信品質はどうなのか。

ＭＭ総研が行った主要な国内ＭＶＮＯ（OCNモバイルONE、IIJmio、mineoなど8社）の品質調査では、そのすべてのＭＶＮＯにおいて遅延や途中停止なくスムーズに動画再生できることが確認されている。またウェブサイトの表示速度や、データ通信量の消費具合なども良好だったという。MM総研はさまざまな検証をしたうえで「MVNOは快適に利用できる品質水準を維持」と結論づけている。※8

この調査が実施されたのは2022年である。**つまり、MVNOはずいぶん前から「安かろう悪かろう」ではなくなっている。**

もちろん、MNOとまったく同じつながりやすさではない。特にアクセスが集中するランチタイムなどでは通信速度が低下する。しかしメッセンジャーアプリの使用や、ウェブサイトの閲覧はほぼストレスフリーだ。高画質動画の視聴も多少の読み込み時間を許容すれば問題ない。

くわえてMVNOには、そのMVNO独自の魅力的なサービスが多数ある。

たとえば私がプロデュースする「HORIE MOBILE（ホリエモバイル）」では、私が配信するいろんな有料コンテンツを無料で視聴・閲覧できるほか、プロ野球チーム・北九州下関フェニックスの主催試合を月1回無料観戦できる特典がつく。

また、「mineo（マイネオ）」では〝広告フリー〟なるサービスを提供している。デジタル広告による通信量の消費についてはデータ使用量としてカウントしないというサ

※8　MM総研「MVNOネットワーク品質調査（2022年9月時点）」（2022年10月13日）

ービスである。

MVNOにはほかにも趣向を凝らした独自のサービスがたくさんある。競合他社やMNOとの差別化をはかるためだ。

いまやMVNOはMNOに匹敵するスペックを備えている。日々、一刻一秒を争うような情報戦をやっているビジネスパーソンならMNOがいいだろう。でもこの日本にそんな人がどれだけいるのだろうか。

大半の人はMVNOで十分である。あなただってきっとそうだ。毎月1万円近くスマホ代を支払っている人も少なくない。MVNOならそれを10分の1に減らすことだってできる。

いつまでも古いイメージにとらわれてはいけない。世界はつねに進化している。MVNOもまた進化しているのだ。

MNO（キャリア）とMVNO（格安SIM）の比較

代表的なMNO

ドコモ、KDDI（au）、ソフトバンク、楽天モバイル

代表的なMVNO

mineo、IIJmio、日本通信SIM、BIGLOBEモバイル

	MNO	MVNO
通信設備	自社保有・運用	MNOから借り受け
通信エリア	広範囲・安定	MNOのエリアに準ずる
料金	比較的高め	割安なプランが多い
サポート	実店舗充実	オンライン中心
手続き	実店舗・オンライン	オンライン中心
メリット	安定した通信・手厚いサポート	低価格・プランの自由度
デメリット	料金が高い	時間帯による 通信品質の低下

日本食ブランドを損ねる日本人

日本の和牛は世界的に高く評価されている。世界最高峰のステーキを決める国際品評会「ワールド・ステーキ・チャレンジ　2022」では、日本の和牛が見事に三冠を獲得した。[※9]

いまや海外のVIPたちもすっかり和牛の虜《とりこ》だ。私が手がける会員制和牛レストラン「WAGYUMAFIA」には、デビッド・ベッカム、エド・シーラン、ビヨンセ&ジェイ・Z夫妻も訪れてくれた。

しかしそんな世界に誇る和牛のブランド価値を、あろうことか日本人みずからが傷つけている。2022年12月、モスバーガーが「一頭買い　黒毛和牛バーガー」という名の商品を数量限定で販売した。

日本で飼育されている和牛の9割以上が黒毛和牛（黒毛和種）だ。[※10]黒毛和牛は脂肪の

※9　マピオンニュース「世界一のステーキを決める大会で『和牛』が3冠達成、ネット『日本のステーキはガチ』」（2022年10月4日）

※10　農林水産省「特集1　和牛（1）」

質が良く、肉もとても柔らかい。言うまでもなく高級品である。モスバーガーのその黒毛和牛バーガーには、サーロインやヒレといった上質部位も使用されているのだという。

聞くところによると大人気らしい。そこで私も実際に食べてみた。思わずうなった。黒毛和牛ならではの濃厚な旨味が口のなかにあふれる。看板に偽りなしだ。美味い。でももうひとつ、うなった点がある。こちらは落胆のうなりだ。なんと値段が税込690円。愕然とせざるを得なかった。これで690円はあまりに安すぎる。まさに価格破壊である。

この値段を米ドルに換算すると約4ドル60セント（1ドル＝150円）。アメリカで売られるビッグマックは5ドル15セントだ。この黒毛和牛バーガーがいかに破格かわかるだろう。為替や物価の違いはあるにせよ、こんな激安で販売するなど、もはや和牛への冒瀆《ぼうとく》である。

少しでも安く提供してたくさんの人に喜んでほしい。もちろんモスバーガーにはそんな思いがあったのだろう。でもこの価格破壊は和牛の価値を損なうものだ。真剣に和牛ブランドを高めようとする関係者にとって大きな迷惑でしかない。

和牛にかぎった話ではない。日本は自国の食文化をないがしろにしがちだ。和食料理にしてもそうだ。和食は世界でもっとも洗練された料理である。出汁《だし》や塩を用いた繊細きわまる味つけはもはや芸術だろう。

しかし世界的な和食ブームのなか、外国資本による〝なんちゃって和食〟が各国いたる場所ではびこっている。とても和食とは呼べない代物が自称・和食レストランで供されているのだ。しかもその大半は高級店である。このまま野放しにしておけば、和食に対するイメージは悪くなる一方だ。とても歯がゆい。

そんな日本と対照的なのが、同じく美食の国であるイタリアだ。彼らは自国の食文化を大切に守り抜いている。

たとえば在日イタリア商工会議所は「イタリアンレストラン品質認証マーク（AQI）」という制度を導入している。これは伝統的なイタリア料理を再現するレストランにお墨付きを与えるものだ。本場の味を求める客にとってはまたとない指標である。そして同時にイタリア料理のブランドを守る制度にもなっているわけだ。

フランスもそうだ。自国の食文化に誇りを持っている。なかでもシャンパン（シャンパーニュ）はその象徴だろう。シャンパンの名称を名乗るのが許されるのは、厳しい基準をクリアしたスパークリングワインだけだ。

使用するブドウはシャンパーニュ地方で収穫された特定品種に限定され、製法も伝統的な瓶内二次発酵のみ。**そうした厳格な規定が法律（原産地呼称統制法）でしっかり定められているのである。かくしてシャンパンは世界最高のスパークリングワインとして君臨し続けている。**

日本も見習うべきだろう。手をこまねいていてはダメだ。これから日本経済は人口減と少子高齢化の荒波にさらされていく。そして昔のように日本の家電が海外で飛ぶように売れることもない。

でも食ならいくらでも世界に打って出られる。日本の食文化にはそれだけのポテンシャルがある。すなわち外貨獲得のための大きな武器になりうるのだ。

和食にしろ和牛にしろ、そのブランド価値を高め、守り続けることこそが、日本の未来を輝かせるのである。

チケットの高額転売は市場原理

「チケット転売が横行。定価8000円のチケットが10万円で取引」「チケットの高額転売にアーティストがブチギレ」。近年、チケットの高額転売問題がたびたび取り沙汰されている。

人気アイドルグループの公演ともなれば定価の10倍以上で転売されることも珍しくない。それが不当行為だとして転売ヤーの取り締まり強化が進んでいる。

しかしチケット転売は本当に悪いことなのだろうか。**需要が高まれば値段が上がるのはあたりまえだ。基本的な経済原理である。**もちろんチケットも例外ではないだろう。

10万円で転売されるということは、市場がそのチケットに10万円の価値があると判断した証拠だ。むしろ10万円の価値があるものを8000円で売るほうがどうかしている。転売ヤーは需要と供給に応じた価格を提示しているにすぎない。

転売ヤーは買い占めて不当に利益を得ている？　でも「安く買って高く売る」というのはビジネスの原則だ。

近所のリサイクルショップやインターネット経由で安く仕入れた物品をECサイト（アマゾン、メルカリなど）で高く売る「せどりビジネス」は、いまやだれでも手軽にできる副業として人気だ。あるいはスーパーやコンビニにしても仕入れ値より高く販売している。**転売ヤーだけを悪と見なすのは筋違いだろう。**

ただし、どうしてもチケット転売問題を無くしたいのなら、その解決法は簡単である。ダイナミックプライシングを導入すればいい。ダイナミックプライシングとは、商品やサービスの価格を需給にあわせて変動させる販売手法のことだ。海外アーティストの日本公演ではこのダイナミックプライシングがもはや普通になっている。

2024年2月に行われたテイラー・スウィフトの東京ドーム公演では、12万2800円のVIP席をはじめ、8800円のU‐20席（20歳以下限定）にいたるまで幅広いチケット価格が設定された。この公演のチケットは即完したが、高額転売騒動は起きなかった。ダイナミックプライシングが需給バランスを保ったわけだ。10万円出しても良い席で見たい人は、正式に10万円を払う。よって転売ヤーの出る幕はない。国内アーティストの公演でも「S席・A席」「センター席・アリーナ席」といった席ごとの価格設定はなされている。でもその差額はせいぜい数千円程度だ。これだと人気公演の場合、争奪戦が勃発する。転売ヤーにとってはビジネスチャンスである。

チケットの高額転売問題はダイナミックプライシングで解決できる。しかし日本ではなかなか導入されない。ダイナミックな（流動的な）値付けに対して抵抗感があるのだろう。

「貧乏人は来るなということか！」「ファンクラブ会員としてずっと応援してきたのに残念」そんな非難を主催者は過剰に恐れているのである。

その結果、日本はピント外れな方向に進んでいる。２０１９年、チケットの高額転売を防止するチケット不正転売禁止法が制定されたのだ。チケットの高額転売を需給バランスの問題としてとらえず、安易な実力行使に出たのである。

しかしこの法律は限定的にしか適用されない。だから効力はいまいちだ。事実、法律施行後もいまだにチケット転売は繰り返されている。

ダイナミックプライシングを導入しないかぎり、高額転売を排除することはできない。イベント主催者と転売ヤーのイタチごっこがいつまでも続く。**そしてイベント主催者がやっきになって対策に乗り出せば乗り出すほど、事態は迷走していく。ファンサービスが低下してしまうのだ。**

チケットの発券開始が公演日ギリギリに設定される。顔認証システムを導入する。そんな不毛なことをやっている。複数枚のチケットを購入する人は、同行者の個人情報まで登録しなければならないようなケースもある。いろいろ面倒だ。つまり正当に購入したほかならぬファンがいちばん迷惑を被《こうむ》っているのである。本末転倒だ。

イベント主催者はチケット転売問題の本質を理解し、真のファンサービスとはなにかをいま一度考え直すべきだろう。

第4章

「日本人の知性」の危機

だます人、
だまされる人

なぜ科学的根拠が通じないのか

安全だが、安心ではない――。そんな不可解で矛盾した論理が、科学技術が発展しているはずの日本に蔓延《まんえん》している。象徴的な例が、福島第一原子力発電所の処理水問題だ。

２０２３年８月、福島第一原発の処理水が海洋放出された。この処理水の安全性は科学的に立証済みだ。トリチウム以外の放射性物質は浄化され、トリチウムも大幅に希釈されている。すべて安全基準を満たし、国際原子力機関（ＩＡＥＡ）のお墨付きも得ている。[※1]

それにもかかわらず、一部の政治家や活動家は「〝汚染水〟を海に放出するな」と無暗に不安を煽《あお》る。「汚染水」という表現に焚《た》きつけられ、処理水に対して嫌悪感をあらわにする人が続出した。

なぜ科学的な根拠を無視して「汚染水」と騒ぐのか。そこにはどんな思考回路があ

※1 時事通信「処理水放出『安全基準に合致』 IAEAが2回目の報告書」(2024年7月18日)

るのか。私にはまったく理解できなかった。でも作家・歴史家の井沢元彦さんとの対談でその正体がつかめたのである。

井沢さんによれば、**日本人の深層心理には、「ケガレ」という概念が深く根づいているという。**ケガレは不浄や忌《い》まわしいものを指す。死、血、病などから生じるとされ、長いあいだ災いの原因とされてきた。

このケガレの起源は『古事記』にまで遡《さかのぼ》る。古事記のなかで、日本の創造神であるイザナギノミコトは、妻のイザナミノミコトを連れ戻すために死者の国へ旅立つ。でも変わり果てた妻イザナミの姿に恐れをなして逃げ帰ってしまう。その後、死のケガレを祓い清めるために川の水で身を清めた。

この儀式が「ミソギ」という行いの起源であり、この言葉は現代でもケガレや罪を清める意味で使われている。詳細は省くが、このミソギがきっかけで、天皇の祖神であり、神道においてもっとも尊い神であるアマテラスオオミカミが誕生する。この神話に基づき、長い歴史のなかで、日本人はもっともケガレのない存在としての天皇を敬い、そしてケガレを忌避《きひ》してきたのである。

このケガレを忌避する思想、つまり「ケガレ思想」は現在の私たちの日常でも息づいている。たとえば、上司が個人的に使っているマグカップを躊躇《ちゅうちょ》なく使える人はどれだけいるだろうか。きっと少ないはずだ。洗剤でしっかり洗われていても、どこかで抵抗を感じる。言ってみれば、この「なんかイヤ」という感情の根っこにあるのがケガレ思想だ。

そして放射能もまたケガレのひとつになっている。事故を起こした福島第一原発由来のものはすべて放射能によってケガレている――。そんな感覚をいまだに抱いている人がいる。まさに処理水を汚染水と呼ぶような人たちはそうだろう。

ケガレ思想においてエビデンスやデータは意味を持たない。「なんかイヤ」というその根拠なき感情は宗教に近い。

「水に流す」という言葉は、過去の問題をなかったことにするという意味で使われる。この表現もまたイザナギが川の水で身を清めたミソギに由来している。古代から日本人は水に清浄な力があると信じ、祭事や日常生活においてもケガレを水で洗い流してきた。

福島第一原発の処理水の海洋放出は、文字どおり「水に流す」行為だ。それにもかかわらず、「汚染水」という悪質なレッテルを貼るような非科学的な反対意見がまかり通っている。

ケガレ思想が「きれい好き」の範疇であればなんら問題はない。しかし処理水に関しては風評被害を引き起こし、震災から13年経ったいまでも福島県の農家や漁業関係者を苦しめている。

原発や処理水だけではない。過度なケガレ思想はほかにも向けられている。たとえば遺伝子組み換え食品だ。科学的にその安全性は確認されているが、不安を感じる消費者は多い。築地市場の豊洲移転騒動もそうだ。移転前の豊洲市場の地下水から環境基準を大幅に超えるベンゼンが検出された。しかしこの地下水を市場で利用することはない。しかもその上にはとうぜんコンクリートが敷き詰められる。つまり安全だ。でも小池百合子都知事は「法的には安全」と述べながらも「安心とは言えない」と主張。[※2]結果、市場移転は2年も延期されてしまった。

私たちは科学技術が高度に発展した21世紀の日本で暮らしている。いったいいつまで「安全だが、安心ではない」という矛盾した論理にとらわれるつもりなのだろうか。

※2　東洋経済オンライン「小池都知事、『安全だが安心ではない』の欺瞞」（2017年3月22日）

福島第一原発内にある「放射性物質を含む水」の浄化プロセス

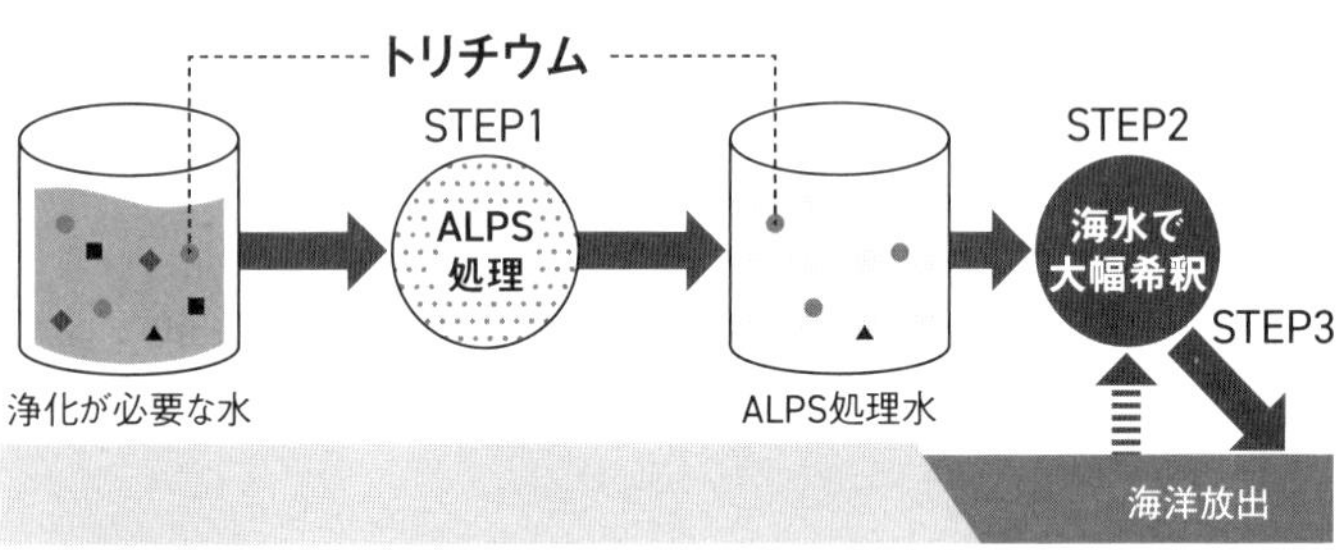

STEP1

トリチウム以外の核種を規制基準以下に確実に浄化。

STEP2

トリチウムについても安全基準を十分に満たすよう海水でさらに100倍以上に希釈。

- トリチウム濃度を1,500ベクレル/L未満に
- トリチウム以外の核種を規制基準の1/100以下に

STEP3

安全基準を大幅に下回るALPS処理水のみを海洋放出。
放出するトリチウムの総量も事故前の基準（年間22兆ベクレル未満）と同様。放出後も、モニタリングにより海域や水産物のトリチウム濃度などを確認。

※ALPS＝様々な放射性物質を取り除いて浄化する「多核種除去設備」のこと

経済産業省「みんなで知ろう。考えよう。ALPS 処理水のこと」より

「境界知能」の見えざるハンデ

「境界知能」という言葉をご存知だろうか。知能指数（ＩＱ）70～84に位置し、平均的知能と知的障害（軽度知的障害はＩＱ50～69）の境目にある人を指す。そんな境界知能は全国に１７００万人いると推計されている。[※3] つまり７人に１人の割合だ。となればとうぜん、あなたの身近にもいる。

知的障害者に対する社会的理解は進んでいる。障害の程度に応じたさまざまな福祉サービス（生活支援や就労支援など）が自治体と民間団体の協力のもとで提供されている。かたや境界知能に対する理解はまだまだ不十分だ。支援どころか、その認識すらまならない。知的障害でもなければ平均的知能でもない。彼らはどちらにも属さない不明瞭な状態にある。そして外見は普通だ。周囲からは普通の人としてあつかわれる。そのため境界知能の人は日常生活でさまざまな支障を被《こうむ》っている。

※3　プレジデント ウーマン「『テストは平均20点』　授業についていけない“境界知能”の中１が特別支援の対象にならない単純で深刻な理由」（2023年８月30日）

学校の授業についていけず孤立してしまう。仕事をうまくこなせず顰蹙《ひんしゅく》を買ってしまう。そしていたるところで人間関係につまずく。なにをやってもうまくいかない。そんな自分にただただ絶望する。見えざる大きなハンデを背負っているのである。

さらに深刻なのは犯罪に巻き込まれてしまう恐れが高いことだ。境界知能は論理的思考や状況判断が時として適切になされない。だから詐欺やネットワークビジネスにつけ込まれやすいのだ。

詐欺メールの大半はその文面や体裁に違和感がある。特に片言の日本語で記されたメールはいかにもいかがわしい。普通の人なら怪しんで無視するだろう。しかし境界知能だとその不自然さに気づきづらい。場合によっては簡単に引っかかってしまう。詐欺師たちはあえて不自然な日本語を使い、騙しやすい人をフィルタリングしているとも言われている。

犯罪被害に遭いやすいだけではない。境界知能の人は犯罪に利用される危険もある。近年、「闇バイト」という言葉をよく耳にするようになった。犯罪グループが求人サイトやSNSを通じて、密かに犯罪の実行役を募る。その闇バイトの高額報酬に目がくらんだ若者たちが犯罪に手を染めてしまう事態が多発し、いま深刻な社会問題になっている。闇バイトの勧誘は実に巧みになされる。境界知能の人にとって非常に危険だ。闇バイトではその犯罪の一部を手伝わされる。ようは使い走りである。かつては違法薬物の運搬や特殊詐欺の受け子といった役割が多かった。しかしそれが次第にエスカレートし、最近では強盗の実行役にさせられるケースもある。

「ルフィ」と名乗る首謀者を中心とした犯罪グループが、闇バイトで集めた人々を使って全国各地で強盗を繰り返した事件は記憶に新しい。ルフィらは2022年から2023年1月にかけて少なくとも5都府県で8つの強盗を指示していたとされる。[※4] 当初の犯行の手口は、住人を拘束して金品を強奪するようなものだった。しかしそれがだんだん過激になり、しまいには殺人にまで及んでしまった。

この連続強盗事件の実行犯が境界知能かどうかまでは明らかになっていない。**しかし判断能力の低い人でなければ、一生を棒に振ってしまうような強盗団の手先など務まらないだろう。**

ネットを介した闇バイトの勧誘は今後さらに巧妙になっていくはずだ。このままだと凶悪犯罪に境界知能の人々が巻き込まれかねない。

※4　朝日新聞「犯罪集団が海外に拠点、闇バイトで人集め　『ルフィ』事件の課題とは」（2024年1月12日）

境界知能の存在は、ＮＨＫでも特集されるなど徐々に世間に知られつつある。[※5]しかし具体的な支援制度はまったく確立されていない。私たちはもっと彼らに目を向けるべきだ。

境界知能の存在を正しく理解し、適切なサポートをする。それはこの社会をより良くするための不可欠な営みだ。

※5 NHK「境界知能　～“気づかれない人たち”をどう支えるか～」(2020年2月15日)
NHK「“境界知能”とは　『みんなと同じようにやろうと頑張ったのに』茨城の当事者の声　東京・東村山では支援の動き」(2024年7月17日)

IQ（知能指数）の分布

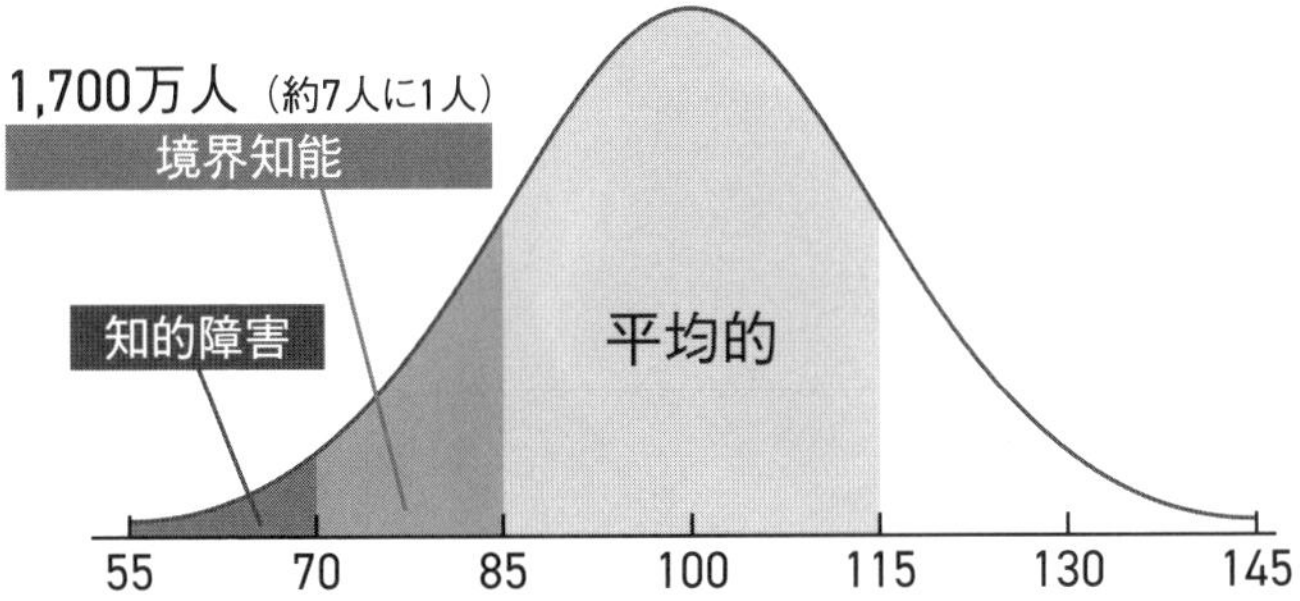

監修　青山学院大学　古荘純一教授

NHKのHPより
https://www.nhk.or.jp/shutoken/articles/101/008/77/

日本語を「理解」できない日本人

日本人の識字率はほぼ100%だ。ほとんどの日本人が日本語を読むことができる。しかし、「文章を読めること」と「文章を理解すること」は別だ。

行間、文脈を汲《く》み取る。皮肉、逆説、比喩表現を適切に解釈する。それが文章を理解するということだ。いわゆる読解力である。しかしいまの日本人の読解力はかなり怪しい。

たとえば、私のSNS投稿に対してあまりにも的外れな批判が相次ぐのだ。なにもその投稿は小難しい理屈をこねているわけではない。いたってシンプルな記述だ。それなのに文意を完全に取り違えた批判が寄せられる。

批判自体はいくらでも大歓迎だ。思想と表現の自由である。でも明後日の方向にボールを返されても困る。反応のしようがない。

日本語は読める。でも理解はできない。そんな日本人が少なくないのだ。実はそれはデータでも明らかになっている。『AＩvs.教科書が読めない子どもたち』（新井紀子／東洋経済新報社）に興味深い調査結果が載っていた。

著者の国立情報学研究所・新井紀子教授が全国2万5000人を対象に基礎的な読解力の調査を行った。すると日本人の危機的実態が明らかになったのである。

この調査は、対象者にさまざまな文章問題を提示し、その回答結果を集計して、日本人の読解力レベルを検証したものだ。そこで用いられた設問はどれも難しい内容ではない。主語と述語の関係。修飾語と被修飾語の関係。そういった基礎中の基礎さえ押さえられれば簡単に正解を導ける。たとえば次のような問題である。

次の文を読みなさい。

Alex は男性にも女性にも使われる名前で、女性の名 Alexandra の愛称であるが、男性の名 Alexander の愛称でもある。

この文脈において、以下の文中の空欄にあてはまる最も適当なものを選択肢のうちから1つ選びなさい。

Alexandra の愛称は（　　）である。

① Alex　② Alexander　③ 男性　④ 女性

※新井紀子『AI vs. 教科書が読めない子どもたち』（東洋経済新報社）P200より

もちろん、答えは① Alexだ。引っかけ問題でもなんでもない。**しかし正解率はどうだったか。なんと高校生の3分の1が間違えたのである。**しかもそれは進学校の生徒たちだ。日本人の日本語力は絶望的に低いのである。

笑い事ではない。この調子だと日本ではまともな議論が成立しなくなる。

原子力発電所の再稼働は必要か？　不要か？　原発再稼働をめぐる問題は国民みんなで議論すべき重大なテーマだ。しかしかりに国民の3人に1人が読解力不足であれば、生産的な議論を尽くすのは難しいだろう。

文章を正しく理解できないということは、さまざまな情報を正しくインプットできないということだ。情報を正しくインプットできないのなら論理的思考は不可能である。するとどうなるのか。意思決定、意思表明を論理ではなく、感情で行ってしまうのだ。自分の頭で考えず、好きなインフルエンサーの意見を鵜呑《うの》みにしてしまう。そうやってあらゆる事柄をなんとなく判断していく。極めて危険である。

しかしそれがいまの日本の現状なのだろう。世論は感情や印象でつくられ、その世論が政治家を選ぶ。政治家は政治家で世論に迎合して本質的な議論を避ける。決断を先送りするわけだ。

人口減、少子高齢化、対中・対ロをはじめとした国防など、日本には待ったなしの重要課題が山積している。決断を先送りしているひまはない。

日本の未来は、国民ひとりひとりの日本語力にかかっている。そう言っても過言ではない。日本語教育の中身をいま一度見直す必要があると思うのは私だけではないだろう。

長文にパニクる日本人

べつに炎上商法をしているつもりはないが、私のSNSでの発言はたびたび炎上してしまう。前項で述べたように、日本語を理解できない日本人が少なくないからだ。

かつて炎上対策を試みたことがある。それまでの私の投稿はいつも要点のみの短文だった。だらだら書くのは趣味ではない。でも短文だとこちらの真意が伝わらない。誤解されてしまう。行間や文脈を汲《く》み取れない人が多いのだ。

そこでためしに言葉を尽くした丁寧な記述を心がけてみた。文字数が増え、くどくなってしまうが、誤解は減るかもしれない。そう期待したのだ。

でも無駄だった。同じように炎上した。むしろ情報量があるぶん、余計に揚げ足を取られた。人がせっかく労力をかけて書いているのにアホくさい。で、長文投稿はすぐにやめた。

以前に、立命館大学の研究員・安田峰俊さんがツイッターにこんな投稿をしていた。〈問題はこの長い文章を読めない子をどう拾うかよな。塾講師や（あまり学生のテスト的な学力が高くない大学の）大学講師やればわかるけど、日本人の5割くらいは5行以上の長文読んで意味を取ることができぬぞ…〉（※2021年1月11日の投稿）

新型コロナウイルス感染症拡大時に医師の岩田健太郎さんが書いた「成人式には行かないで」というブログに対してのコメントである。

私の手元に客観的なデータがあるわけではないが、経験則からして安田さんのその指摘には全面同意だ。行間、文脈を汲み取れない日本人は多い。しかしだからと言って、丁寧に説明された文章ならその文意を理解できるかと言えば、そんなことはない。**むしろ多くの人はさらに混乱するのである。**

その原因は、脳のワーキングメモリ不足だろう。文章の分量が増えると脳内の処理が追いつかなくなるのだ。読んでいるうちに文章中の因果関係を見失い、論理的な解釈ができなくなる。最後まで読み通したとしても、ただ読み通しただけだ。頭のなかにはなにも残らない。**もしなにか残ったとすれば、それは誤解が残ったのである。**

厄介なのは、そういう人にかぎってインパクトのあるワードに過剰反応することだ。「放射能」「死者数」と見ただけでヒステリーを起こす。あるいは「不倫」「金銭トラブル」と目にすれば色めき立つ。

そうした人たちにつけ込むのがネット記事である。彼らは手っ取り早くＰＶ数を稼ぐために、事実を誇張したセンセーショナルな見出しをつける。それにまんまと乗せられた読者は、記事内容もろくに読まずに騒ぎ立てるわけだ。

その結果、「ホリエモンは松本人志をディスっている！」「ホリエモンは命よりも経済を優先するのか！」と勝手な解釈が拡がっていく。誤解が誤解を拡大させていく。

こちらとしてはいい迷惑だ。でも乗せられるほうも気の毒と言えば気の毒である。**言葉に踊らされ続け、永遠に真実にたどり着けない**。つねにパニックに陥っているようなものだ。かくして日本では情報弱者が大量生産されているのである。

弱者を食い物にする野党

　ここまで述べてきたように、日本には「日本語が理解できない日本人」や「情報弱者」が数多く存在する。そしてこの層をターゲットにし、勢力拡大をはかっている団体がある。れいわ新選組や参政党だ。

　これらの政党のマーケティング手法は、複雑な政治課題を単純化し、キャッチーで耳ざわりの良い政策を掲げることだ。「消費税廃止」「奨学金チャラ」「食料自給率100％達成」などがその典型である。

　狡猾《こうかつ》だと思うのは、彼らが政策の実現可能性をいっさい気にしない点だ。彼らは最初から政権を取るつもりはない。与党とは違い、実際に国家を運営する責任感がないため言いたい放題だ。しかし、だからこそ現状の政治に不満を抱く有権者に支持されやすい。**政治の知識に乏しく、感情的アピールに弱い層にはとにかく刺さりまくるの**

だ。

彼らは、キャッチーな政策を掲げるだけでなく、派手な行動、つまりスタンドプレーにも熱心だ。2024年1月の能登半島地震で、与野党6党（自民・公明・立憲民主・日本維新の会・共産・国民民主）は被災地の視察を自粛した。多くの道路や橋などが寸断されるなか、国会議員が大人数を引き連れて視察をしても現場は混乱するだけだ。これは賢明な判断と言える。

しかし、れいわ新選組の山本太郎代表は、与野党が自粛を決めた当日に被災地を訪れた。被災者に提供されたカレーを食べる姿が報じられたので知っている人も多いだろう。山本氏の行動には「迷惑系国会議員」などの批判が相次いだが、支持者からは「さすがの行動力」「被災者に寄り添う真の政治家」などと評価された。スタンドプレーが功を奏したのだ。

一方の参政党は、SNSを巧みに活用して支持を集めている。参政党の支持者には、Qアノンやディープステートなどの陰謀論やスピリチュアルに傾倒する人が多い。彼らが強い関心を持つ反ワクチンを政策として掲げ、SNSで効果的にアプローチすることで支持者として取り込んでいる。

この構図は、東京大学の研究チームの調査でも明確に示されている。[※6] 東大の研究によると、もともと反ワクチンではなかった人々が、陰謀論などをきっかけに反ワクチン的な思想を持つようになり、それが参政党への支持につながったというのだ。

従来、子宮頸がんワクチン（ＨＰＶワクチン）や麻疹《はしか》ワクチンなど、ワクチン接種に反対する人々は、立憲民主党、れいわ新選組、日本共産党を支持する傾向が強かった。しかし、コロナ禍以降、ワクチン反対派やワクチン懐疑派の人々が参政党のアカウントをフォローする割合が急激に上昇している。つまり、参政党はＳＮＳを使ったマーケティングに成功したわけだ。


れいわ新選組や参政党が行ったこれらのスタンドプレーやマーケティングは、選挙での得票にも結びついている。どちらの党も非現実的な政策を掲げており、政権獲得は夢のまた夢だ。そして小選挙区では、１つの選挙区から１人だけが当選するため、自民党や立憲民主党の候補者が強くなる。

しかし比例代表区では、各政党が獲得した票数に応じて議席数が決まる。そのためには派手なパフォーマンスや主張で目立ち、そして一定数の支持を集めることが有効

※6　東京大学「人はなぜワクチン反対派になるのか　コロナ禍におけるワクチンツイートの分析」（2024年2月5日）

なのだ。実際に、2022年の参議院選挙では、れいわ新選組が約231万票を獲得し2議席を、参政党は約176万票を獲得し1議席を得た。

本来、こういった政党は弱者の味方であるべきだ。**しかし彼らの実態は、弱者の味方を装いながら、実は有権者の不安や不満に巧妙につけ込んでいるのである。**

両政党には、派手なパフォーマンスやマーケティングに走るのではなく、誠実な政治姿勢を持ってほしい。

反ワクチン派が、主要政党／代表のアカウントをフォローする割合

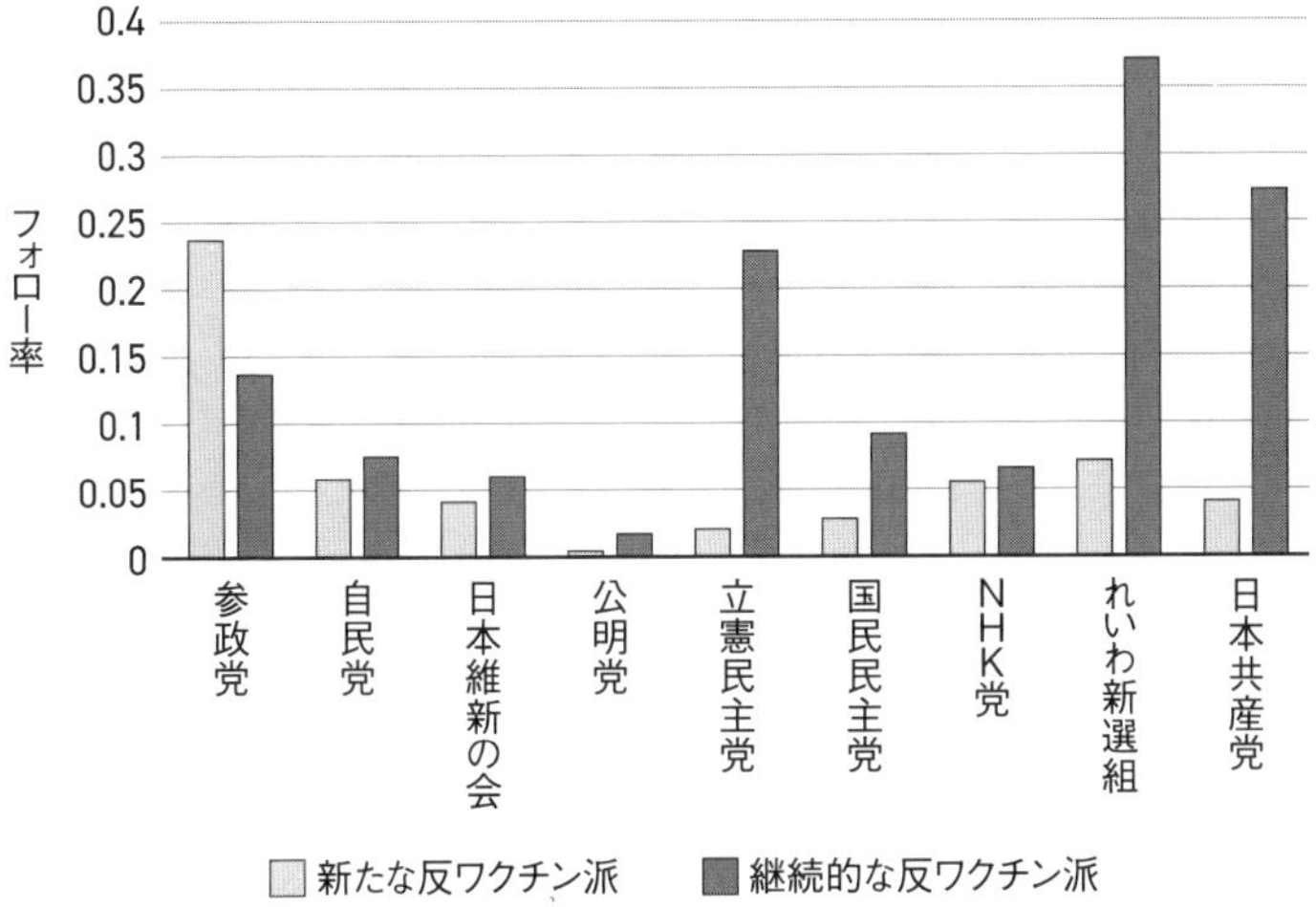

東京大学のHPより
https://www.t.u-tokyo.ac.jp/press/pr2024-02-05-001

クソリプは「スカートめくり」だ

SNS上には「クソリプ」をする人たちがたくさんいる。いまさら説明するまでもないが、クソリプとは「クソみたいなリプライ」の略で、送る相手の気分を害するような不適切なコメントのことを指す。私は炎上に巻き込まれていないときでも、このクソリプをしょっちゅう浴びせられている。なぜそんな真似をするのだろうか。

彼らの正体は「かまってちゃん」なのだ。

私は、SNS上で見知らぬユーザーとでも、きちんと議論することがある。でもそれは有益な情報や新しい視点を提供してくれる相手にかぎった話だ。

一方で世の中には、私に不平や不満を物申さずにはいられない人がいる。しかし普通にやっても私に相手にしてもらえない。そこでクソリプという方法に走る。クソリプは、かまってちゃんの叫びなのだ。

日々寄せられるクソリプに辟易していたとき、ふと、クソリプがなにかに似ていると思った。ひと昔前、学校でよくあった「スカートめくり」である。著名人にクソリプを送ってしまう心理は、男子小学生が好きな女の子に対してやるスカートめくりと同じなのだ。気になる女の子がいたら「元気?」「一緒に遊ぼう」と言えばいい。でもそんな言葉を口にする勇気はないし、気の利いたボキャブラリーも持ち合わせていない。愛情表現ができない男子はそんな状況にモヤモヤし、つい好きな女の子のスカートをめくってしまう。

女の子はとうぜん怒る。幼く雑な方法ではあるがいちおう、怒る、という反応はもらえる。それを彼らは「相手にしてもらえた」と嬉しがり、そしてまたスカートめくりを繰り返すわけだ。まさに、たちの悪い「かまってちゃん」そのものである。

私もクソリプなど無視すればいいとわかっているが、虫の居所が悪いと反応してしまうことがある。クソリプの送り主としては、してやったりの気分だろう。しかし悲しいかな、彼らの悪口や中傷はとにかくレベルが低い。

私が手がける会員制レストラン「WAGYUMAFIA」のPRのためにステーキを食べている画像を投稿すると「野菜も食え」、インボイス制度導入に反対する人たちを批判したら「自民党の犬」と来る。実にくだらない。

そんなクソリプに腹が立つこともあるが、私はSNSをやめるつもりは毛頭ない。SNSには多様な人間がいて、有益な情報や新しい視点を提供してくれるユーザーもいるからだ。

そして、SNSは実に良い学びの場にもなる。クソリプを送るような人々の生態や、世の中には日本語が理解できない日本人が多いという気づき、境界知能の存在などを知れたのはSNSのおかげだ。**多様な人間を発見し、観察でき、彼らを通じて社会の縮図を垣間見ることもできる。最高のフィールドワークの場なのだ。**

オンライン、かつ気の向いたときに短時間で済ませられるのも良い。腹が立つこともあるし、ときに反論もしてしまうが、ある種の文化人類学的論考ができて、それはそれで楽しいというわけだ。

私にかぎらず、SNSで不特定の相手に悲しい気持ちや悔しい気持ちにさせられた人もいると思う。でもここはひとつ私を見習ってもらって、気持ちを楽にしてSNSに接してほしいと願うばかりだ。

M-1グランプリと言語能力

漫才の頂点を決める「M-1グランプリ」。テレビ離れが進むなかでも2023年大会では関西地区で28%、関東地区で17・2%という高視聴率を叩き出した大人気番組だ。[※7]

優勝コンビは一夜にしてスターダムを駆け上がる。国民的イベントと言ってもいいだろう。

でも前々から思っていたが、ぶっちゃけ私は、M-1はつまらないと感じている。観客が爆笑していても私はまったく笑えないのだ。私がひねくれているのだろうか。そうではないと思う。漫才の基本構造に原因があるのだ。

漫才の基本構造は「心地よい裏切り」である。ボケが突飛な発言をし、観客の予想を裏切る。あまりにボケがぶっ飛んでいると理解が追いつかないため、突飛とはいっ

※7 日刊スポーツ「『M-1グランプリ』視聴率は関東17.2%、関西28.0% 昨年は30.1%」(2023年12月25日)

ても理解できる範囲にとどめておく。ツッコミの役割は、その突飛な発言を訂正することだ。そして実はこのとき「ツッコんだ＝さっきの発言はボケだった＝ここがおもしろいですよ」と観客に示している。笑うポイントをそれとなく教えているわけだ。

Ｍ－１で優勝する漫才師はできるだけ観客に伝わりやすい言葉を使い、観客の予想を巧妙に裏切るよう設計されたネタをつくっている。

でもそうしたテクニカルな構造であるがゆえに、言語能力の高い人には漫才師の狙いがわかってしまう。つまり、セリフの続きやオチのパターンがある程度予測できてしまう。漫才の基本構造は、心地よい裏切りだ。ということは先の展開が読める人にとっては裏切り自体が存在しなくなるのだ。だから漫才がおもしろく感じられないのである。

さらにＭ－１は漫才界の最高峰の大会であり、より洗練された「心地よい裏切り」を競う。でも洗練されていればいるほどテクニカルになり、その構造の分析や予想がしやすくなる。言語能力の高い人からすると、ますます楽しめなくなるのだ。

お笑い好きなら、若手や売れない芸人のネタがつまらないと感じることがよくあるはずだ。それはたくさんのお笑いを見てきたことで培った経験値により、彼らのボケやオチが予測できるという理由が大きい。私にとってはＭ－１のファイナリストであってもそんな状態なのである。

でもその一方で、相変わらずＭ－１は大人気。毎年爆笑をかっさらっている。裏を返すと、日本には言語能力の高い人が少ないという証拠なのかもしれない。**その高視聴率は、日本人の言語能力の低さの反映だとも考えられる。**

誤解のないように言っておくが、私はお笑いが嫌いなわけではない。「そんなの関係ねぇ」で一世を風靡した小島よしおさんや、スピードワゴンの井戸田潤さんが扮するハンバーグ師匠のネタは大好きだ。

彼らのネタは、Ｍ－１で評価される「心地よい裏切り」の構造とは違うが、それがよい。むしろ漫才の型にはまらない、自由な発想から生まれた予想できない笑いのほうが、私のような人間の好みには合う。

芸人にとって、Ｍ－１グランプリはその後の活躍のために必要な場だとは理解している。しかし、Ｍ－１的なお笑いだけでは、お笑い界は頭打ちになるのではないかとも思う。

　実際に、日本の芸で世界に通用しているのは、M－1グランプリでは絶対に評価されないようなネタだ。たとえば、とにかく明るい安村さんが、イギリスの人気テレビ番組「ブリテンズ・ゴット・タレント」の会場で大ウケしたことを知っている人も多いだろう。その後、アメリカの人気テレビ番組「アメリカズ・ゴット・タレント」（AGT）にも出演し、ここでも大爆笑をかっさらった。また、チョコレートプラネット扮するTT兄弟もAGTの会場を爆笑の渦に巻き込んだ。

　彼らの芸は言葉の壁を超え、世界に通用したのだ。今後、あえてM－1グランプリ的な笑いを追求しない芸人こそが、これからの日本のお笑いを支えていく気がしている。

「情報の民主化」を加速させたユーチューブ

「データの民主化」という言葉がある。企業内で一部の専門職のみが扱っていたデータを、社内のだれもが簡単に利用できる環境にすることを指す。DX（デジタルトランスフォーメーション）推進のなかで、たびたび話題になる言葉である。

振り返ってみれば、インターネットの登場により、私たちが各種情報にアクセスするハードルはすさまじく下がった。それ以前は書籍などの紙媒体からも情報を入手できたが、専門書籍は高価で入手も困難。決して手軽ではなかった。

しかし、いまではPCやスマホからインターネットにアクセスすれば、専門的なジャンルの情報でも容易に手に入る。しかもSNSの普及で一億総発信者となったことにより、情報そのものの量も爆発的に増えた。**私はこの現象を「データの民主化」になぞらえて「情報の民主化」と呼んでいる。**

一方で、この情報の民主化にも大きな障壁があった。それは「文字」の壁だ。別の項で述べたとおり、日本には読解力の低い人や長文が苦手な人が多い。そういった人々はネット上の文字ベースの情報の恩恵を十分に享受できていなかった。

しかし、その状況を一変させたのがユーチューブだ。文章を読んで理解できなくても、動画なら理解ができる。映像や音声や視覚効果を通じて圧倒的な情報量がもたらされるようになった。

しかし、万能に思えた動画にもひとつの壁が立ちはだかった。長時間視聴の壁だ。なにかの解説動画があったとして、それが長時間となると集中力がもたなくなる。10分どころか、3分以上の動画になると飽きて脱落する人もいる。

この弱点を補完したのが、ご存知、ショート動画である。TikTokが流行り、YouTubeやInstagramも追随してショート動画を導入。そうして情報の民主化は裾野をさらに拡げた。

情報の民主化は、「文字の壁」と「時間の壁」を克服したのである。そして、この変革は私たちの生き方を根本から問い直す。

数年前、「寿司職人の修業に10年かけるやつはバカ」という私の発言が炎上した。実は、この発言の真意はここにある。情報がクローズドだった時代には、長年の修業も必要だったかもしれない。しかし、かつては師匠などに弟子入りして10年、20年と修業しないと手に入らなかった門外不出の情報が、いまやインターネット上にゴロゴロ転がっている。しかも、そのほとんどがタダだ。

さらに修業期間は通常、10代後半から20代が中心で、頭脳が柔軟で好奇心旺盛な時期と重なる。この人生でもっとも貴重な時間を、時代遅れの慣習に費やすのはあまりにもったいない。もっと言えば、自分の人生に対して不誠実だとすら思う。

炎上当時は私の発言の意図を理解できなかった人も、情報の民主化がさらに進んだいまなら、その真意をわかってくれるはずだ。

貴重な人生の時間を時代遅れの慣習に浪費してしまう。それはなにも職人の世界にかぎった話ではない。世の中には実際に経験しないとわからないことや、タイミングが重要な事柄がたくさん存在する。

それにもかかわらず、「とりあえず資格を取っておこう」「まずは就職して、ある程度経験を積んでから自分のやりたいことをやろう」などと悠長なことを言う人がいる。

国家資格など、それがなければ従事できない職業なら仕方ない。でも情報の民主化によって目の前にチャンスがゴロゴロと転がっているのに、それをみすみす見逃すのは愚かだ。昔の人からすれば夢のような時代を私たちは生きている。それにもかかわらず、現代人はこの価値を十分に理解していない。

いまこそ民主化された情報を最大限に活用し、自分の人生を思い通りに切り開く時なのだ。

タコツボ化したSNSが生むダークヒーロー

2023年4月、選挙応援中の岸田文雄首相に向けて爆発物が投げ込まれる事件が発生した。犯人の動機は不明のままだが、犯人は事件前に「岸田内閣が安倍元首相の国葬を閣議決定のみで強行した」「民主主義への挑戦は許されない」と訴えていたそうだ。[※8] こうした不満が犯行につながったと考えられる。

この過激な行動の背景には、SNSの分断と「タコツボ化」の影響があると私は見ている。 そして、この事件は多くの人にとって他人事ではない。さすがに爆発物を投げ込むことはないとしても、SNSによって偏った思想に染まるリスクはだれにでもあるからだ。

現在、多くの人がSNSを情報収集に利用しているが、そこに流れる情報は偏りがちである。SNSはフォローするアカウントを自由に選べるため、自分が知りたい情

※8　NHK「岸田首相襲撃事件で木村隆二容疑者を起訴 殺人未遂などの罪」（2023年9月6日）朝日新聞「岸田首相襲撃の容疑者、立候補できず『差別』　昨年参院選前に国提訴」（2023年4月18日）

報や心地よい情報ばかり選ぶようになる。また、ＳＮＳのアルゴリズムはユーザーの興味に合った関連アカウントや投稿をレコメンドする。これにより、似た意見を持つアカウントや投稿がタイムラインに集まり、自分と異なる意見との距離が拡がる。これが「ＳＮＳの分断」だ。

ＳＮＳの分断がさらに進むと、タイムラインやコミュニティが閉鎖的になる。まるで「タコツボ」と化し、自分と異なる意見に触れる機会が激減する。自分と正反対の意見が目に入るとしても、それは批判や吊るし上げの対象として扱われることが多い。このような状況では、第三者的な視点や冷静な見解を受け入れられなくなり、自分の意見がますます硬直化する。

そんなタコツボ化したＳＮＳを見続けていると、現実社会の認識まで歪んでいく。たとえば、自分のタイムラインに安倍元首相の国葬に反対する意見ばかり並ぶ人は「世論は国葬に反対しているのに、なぜ岸田政権は民意を無視して強行するのか」と憤るだろう。しかし、その〝世論〟は自分自身のタイムライン上につくられた意見の集合体にすぎない。実際、共同通信の世論調査では安倍元首相の国葬の賛否は二分していた。[※9]もし岸田首相に爆発物を投げた犯人がこの事実をきちんと把握していれば、犯行にいたらなかったかもしれない。

※9　東京新聞「安倍元首相国葬に53%が反対　旧統一教会と政界の関わり、８割が『解明必要』　共同調査、内閣支持率は急落」（2022年７月31日）

そして、タコツボ化したSNS空間では過激な思想が生まれやすい。そもそもSNSでは「万死に値する」や「〇〇は死ね」など、マスメディアでは見られないような過激な主張が多く見られる。タコツボ化したSNSでは、世間がドン引きするような過激な主張もあたりまえになってしまう。

実際、安倍元首相を殺害した犯人を英雄視したり、あの銃撃事件を「天罰」と称する風潮も一部で存在している。そして、下手に行動力があったり、社会的地位など失うものがない人間が、世間を震撼《しんかん》させるような事件を引き起こす。このようにしてダークヒーローが生まれてしまう。

タコツボ化したSNSに接するリスクは、なにも総理大臣に爆弾を投げ込むような凶悪犯だけの問題ではない。

「自分は大丈夫」と思っている人でも、SNSを通じて過激な思想に染まる危険性があるのだ。たとえば、自民党の裏金問題に違和感を持った人が、左翼系のアカウントをフォローしていくうちにタイムラインがタコツボ化し、過激な思想に染まる可能性がある。左翼系にかぎらず、右翼系の思想でも同じことが起こりえる。また、政治思想だけでなく、反ワクチンや陰謀論などの分野でも同様のことが言える。

選挙の際に「自分のタイムライン上では、絶対に○○さんが当選すると思っていたのに結果はぜんぜん違った」という経験がある人も少なくないだろう。

このような経験をした人は、すでに自分のSNSがタコツボ化している可能性が高い。これ以上、現実の認識が歪んだり、自分の思想が偏るまえに対策を講じることが重要だ。

対処法はシンプルだ。自分と反対の意見を持つ人のアカウントを意図的にフォローすることである。

実は、私自身もこの方法を実践している。たまに「堀江さんはなぜ○○のような人をフォローしているんですか？」と驚かれることがある。見るに堪えない意見も多いが、多様な意見が存在するのが現実の社会だ。いくら気をつけていてもバイアスはかかってしまうので、こうやってあえてバランスを保つように心がけているのだ。

「SNSの分断」のイメージ

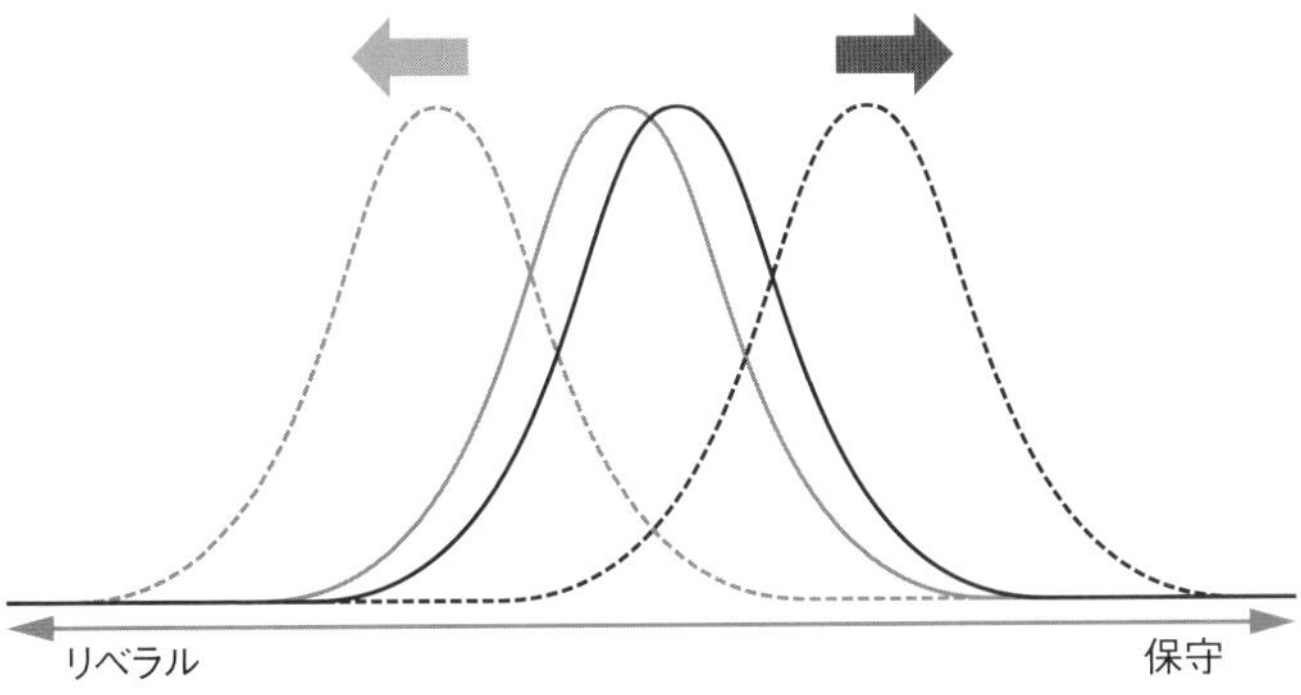

総務省のHPより
https://www.soumu.go.jp/johotsusintokei/whitepaper/ja/r01/html/nd114200.html

第5章

「権威」はヤバい

日常に
ひそむ罠

悪名高き日本の「人質司法」

「日本の刑事司法は中世のようだ」

これは、2013年に開催された国連拷問禁止委員会での、ドマ委員の発言だ。[※1] まるで人権が軽視されていた中世の時代のようだと、日本の刑事司法を痛烈に批判したのである。さらに、2022年には国連自由権規約委員会が、2023年には人権NGOヒューマン・ライツ・ウォッチが深刻な人権侵害を指摘。[※2] 日本の刑事司法制度は、国際社会からこれほどまで非難されているのだ。

日本の刑事司法制度が抱える問題点を的確に表した言葉がある。「人質司法」だ。被疑者は逮捕後、警察や検察から取り調べを受ける。その際、犯行を否認したり黙秘を続けると、最長で23日もの間、身柄を拘束されてしまうのだ。最長23日というのはかなり長い。しかしこの期間は1つの事件に対して適用される。別の容疑で再逮捕する

※1 弁護士ドットコム「『容疑者の自白』に頼りすぎる日本の刑事司法　『まるで中世』の状態から抜け出せるか」(2014年4月13日)

※2 日本弁護士連合会「国連の勧告から見える日本の刑事司法」
ヒューマン・ライツ・ウォッチ「『人質司法』による人権侵害」(2023年5月24日)

「別件逮捕」や、１つの事件を複数に分けて勾留する「分割勾留」を行えば拘束期間をさらに延ばすことは可能だ。

実際に、ライブドア事件で逮捕された私は94日間、元日産自動車会長カルロス・ゴーン氏は１０８日間も身柄を拘束され続けた。

保釈という、身柄拘束から一時的に解放される制度は存在している。でも十分に機能しているとは言えない。刑事訴訟法第89条に「被告人が罪証を隠滅すると疑うに足りる相当な理由があるとき」には保釈が認められないという規定がある。このあいまいな規定によって、否認や黙秘を続けると保釈がなかなか認められないのだ。

この事実は、統計データでも示されている。２０２１年のデータによると、地方裁判所における保釈率（第1回公判期日前）は、自白している場合が26％。一方で、否認している場合はわずか12％にすぎない。※3 この格差はヒューマン・ライツ・ウォッチも問題視している。

「疑わしきは罰せず」という言葉を聞いたことがあるだろう。近代司法の根幹には推定無罪の原則がある。しかし日本ではこの原則が守られておらず、〝推定有罪〟の考えが蔓延《まんえん》。長期間身柄を拘束することが常態化しているのが実態なのだ。

※3　日本弁護士連合会「統計から見える日本の刑事司法」

ここで想像してみてほしい。無実や罪を犯した自覚のない人が突然逮捕され、狭い留置場に閉じ込められてしまうことが、どれだけの恐怖か……。

それは想像を絶する恐怖だ。私は経験者だからよくわかる。しかも私の場合には証拠を隠滅すると思われたのか、担当弁護士以外との面会が許されなかった。友人とも会うことができず、終わりの見えない孤独と戦わないといけない。まさに無期禁固刑を宣告されたかのような絶望感に襲われた。当時、ライブドア社員からの応援メッセージが書かれた色紙を受け取ったのだが、生まれて初めて嗚咽《おえつ》するほど号泣してしまった。それほど精神的に追い込まれていたということだ。そして、その後も精神安定剤や睡眠薬なしでは眠れない日々を過ごすことになった。

自分のメンタルはかなりタフなほうだと自負していた。そんな私でも耐え難い苦しみだったのだ。これが一般の人ならとてもではないが耐えられないだろう。

しかしこれこそが人質司法の、そして検察の真の狙いだ。長期間の身柄拘束により被疑者を精神的に追い詰める。外部との接触を制限し、孤立感を強める。そして、働けないわけだから経済的にも圧迫する。こうやって被疑者を極限状態に追い込んでいくのだ。

　この過酷な状況下で、被疑者は究極の選択を迫られる。否認や黙秘を続けると、長期間にわたって身柄を拘束され、耐え難い苦しみが続く。でも、検察が描いたシナリオどおりに自白をすればほとんどの場合は釈放される。刑事訴訟法第89条の規定に抵触しなくなるためだ。さらに、犯罪の種類にもよるが初犯であれば執行猶予が付き、実刑は免れるケースが多い。すると、たとえ無実であっても、自白を選んでしまう人は出てきてしまう。こうやって数多くの冤罪《えんざい》がでっち上げられてきた。


　ここまで読んで「まさか自分が逮捕されるわけがない」と思う人も多いだろう。しかし、決して他人事ではない。ある男性は、無実にもかかわらずコンビニで1万円を盗んだとして逮捕され、否認し続けたために10か月間も身柄を拘束された。生後7か月の子どもを虐待したと疑われ、医師の意見書で無実が証明されても不当に身柄拘束された女性もいる。[※4] 彼らは巨額の経済事件の首謀者ではなく、どこにでもいる一般人だ。

　人質司法は、あなたの日常を一瞬で地獄に変える力を持っている。そして、この日本に住むかぎり、だれもが突然、この理不尽な制度の犠牲になる可能性があるのだ。

※4　ヒューマン・ライツ・ウォッチ「日本の『人質司法』　保釈の否定、自白の強要、不十分な弁護士アクセス」(2023年5月24日)

逮捕後の流れ

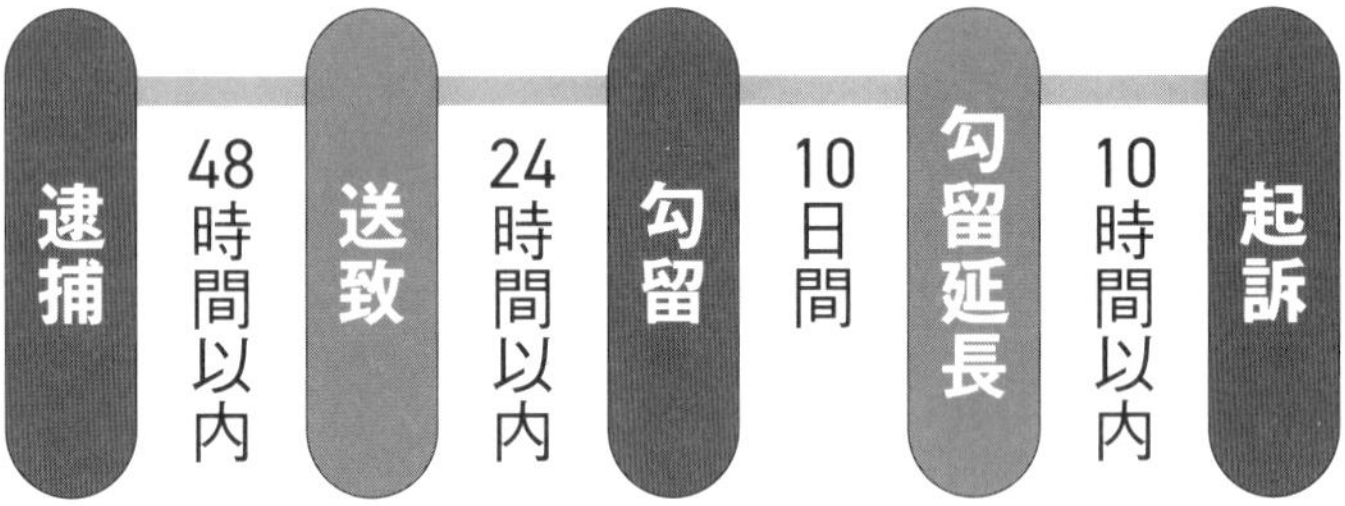

最長で23日間も留置場や拘置所で身柄を拘束される。
「別件逮捕」などによって、さらに身柄拘束が延長されることも……。

「HERO」でも正義の味方でもない検察

「検察」と聞いて、どんなイメージが浮かぶだろうか。平均視聴率34・3％を記録した木村拓哉さん主演の大ヒットドラマ「HERO」の影響もあり、「検察＝正義の味方」と考えている人は多いだろう。※5

しかし、彼らの実態は正義の仮面をかぶった権力者だ。偏った正義感や組織の利害で動いており、ヒーローと褒《ほ》め称《たた》えることはできない。

検察が恐ろしいのは、「マッチポンプ」ができることだ。つまり、みずから事件をつくり出し、世間の注目を集め、正義の味方としての名声を得ているのだ。

「HERO」を観ていた人は、「検察がそんなことをするはずがない」と思うかもしれない。しかし、するのだ。この背景にはリクルーティングの問題がある。司法試験の合格者の多くは、高収入で華やかな弁護士の道を選ぶ。収入も高くなく、人のアラを

※5　ウレぴあ総研「ドラマ『HERO』はなぜ伝説となったのか？　平均視聴率34.3％を生んだ“ヒットの理由”」（2015年7月15日）

探し、恨まれながら生きていく検察官になりたい人など少ない。

検察は、この状況を打開するために「巨悪と戦う正義のヒーロー」というイメージづくりに力を入れている。１９７６年、検察はロッキード事件で田中角栄元首相を逮捕した。その際、連日メディアで報道されたことで、検察は日本中の注目を集めた。検察はこの成功体験が忘れられないのだろう。それ以降、カルロス・ゴーン氏や私など、有名人をマッチポンプのターゲットにする傾向を強めている。

そして、このマッチポンプを可能にするのが「独自捜査権限」「起訴独占主義」「人質司法」という3つの強力なコンボである。

「火のないところに煙は立たない」というが、検察は別である。みずから火を起こし、煙を立たせることができるのだ。通常、事件の捜査は警察が行う。しかし検察も捜査の権限を持っている。この権限を使えば、ターゲットに定めた人物の事件をイチからつくり出すこともできうる。

たとえば、カルロス・ゴーン事件やライブドア事件、陸山会事件（小沢一郎事件）、鈴木宗男事件などは、会計処理や記載方法に関する問題であり、違法性については専門家のあいだでも意見が分かれる。しかし、検察は最初から「これは犯罪だ」と決めつけ逮捕する。しかも、自分たちで捜査をはじめた以上、ストーリーありきの強引な捜査が進められる。

さらに、検察だけが唯一「起訴するかどうか」の判断を任されている。これを「起訴独占主義」と言い、たとえ警察が逮捕しても検察が不起訴にすれば裁判は開かれない。**そして、この起訴独占主義によって検察は事件を意のままに操ることができる。**

たとえば、あるカリスマ経営者を「巨悪」と決めつけ、共犯者としてその側近たちも逮捕する。検察の描いたシナリオどおりに自白させる代わりに、側近たちには罪の軽減や不起訴を約束するのだ。だれだって自分がいちばんかわいい。経営者を裏切ることになっても検察の意に沿った虚偽の自白をしてしまう。それが真実ではなくても側近による自白が有力な証拠となり、検察がターゲットにした人物を有罪にすることができるのだ。

前項で述べたとおり、検察は「人質司法」という武器も持っている。被疑者を肉体的、精神的、経済的に追い詰め、無実であっても自白に追い込む。

これら3つのコンボが強大な権力となり、そしてみずからの組織のために恣意的《しいてき》にこの権力を振りかざしているのだ。

これらの検察が抱える問題点は、法改正で解決できる。しかし立法権（法律の制定や改正する権利）を持っているはずの政治家たちが及び腰なのだ。政治資金規正法という、政治資金の透明化を目的とした法律に首を絞められているからだ。

検察がその気になれば、ほとんどの政治家を政治資金規正法違反で逮捕できてしまう。政治生命を賭けてまで検察の改革に乗り出す政治家はいない。

であれば、マスコミに検察という権力の監視をお願いしたいところだが、それも叶わない。マスコミと検察の関係はズブズブだからだ。

実はライブドア事件の発端も、元社員の情報がフジテレビの記者を経由して検察にリークされたことだった。ライブドアへの強制捜査当日、フジテレビだけが元役員間のメールをスクープとして独占報道した事実からも、両者が事前に接触していたことは予想がつく。

そして、2020年には東京高等検察庁の黒川弘務前検事長と大手新聞社の記者らによる賭け麻雀事件が発覚した。[※6]この事件は違法賭博の事実だけでなく、検察とマス

※6 産経新聞「黒川検事長　『賭けマージャン』文春報道」（2020年5月20日）

コミの親密な関係を露呈させた。こういった賭け麻雀のような場所で、検察とマスコミが互いの利益のために情報を交換しているのだ。挙句の果てに、マスコミは「HERO」のような検察官を正義の味方として美化するドラマまで制作。もはや検察への忖度と言っても過言ではないだろう。

検察は決してヒーローではない。そして、みずからの利益のために権力を振りかざしている。しかし、それを止める現実的な術はないのだ。

検察のターゲットになった主な人物

田中角栄（元・内閣総理大臣）	ロッキード事件（1976年） 受託収賄罪、外為法違反
江副浩正（元・リクルート会長）	リクルート事件（1988年） 贈賄罪
金丸信（元・副総理）	金丸事件（1992〜93年） 脱税容疑　※公判中に死去
鈴木宗男（元・北海道開発庁長官）	鈴木宗男事件（2002年） 受託収賄罪、政治資金規正法違反など
堀江貴文（元・ライブドア社長）	ライブドア事件（2006年） 証券取引法違反
村上世彰（元・村上ファンド代表）	村上ファンド事件（2006年） 証券取引法違反
村木厚子（元・厚生労働省局長）	郵便不正事件（2009年） 虚偽有印公文書作成容疑　※無罪判決
小沢一郎（元・民主党幹事長）	陸山会事件（2010年） 政治資金規正法違反容疑　※無罪判決
角川歴彦（元・KADOKAWA会長）	東京五輪汚職事件（2022年） 贈賄容疑　※公判中

成長しない日本の義務教育

本来、義務教育は子どもたちの能力を育むことが目的だ。しかし、あまりに時代遅れの内容のせいで、逆に多くの子どもたちの成長にとって弊害となっている。

たとえば、いまだに1クラス30～40人で一斉に教える授業スタイルが続いている。この一斉授業には「だれも置いてけぼりにしない」「生徒たちの理解度に格差が生まれてはいけない」という前提がある。とはいえ少数の教師が、能力や個性がそれぞれ違う生徒たちに細かく目を配ることなど不可能だ。そのため、授業のレベルやスピードを平均以下の学力に合わせざるを得なくなる。こうして平均以上の生徒の能力は伸ばされず埋没してしまう。

一方で、学力が平均以下の生徒も、十分なサポートを受けられていない。学習要項で、一定期間で教えなければならない授業の範囲が決められている。そのため、授業についていけない生徒をいつまでもサポートすることはできない。ある程度の段階で見限らないといけない。

結局、現在の義務教育は学力が平均以上の子どものことも、平均以下の子どものこともカバーできていないのだ。実に中途半端なシステムである。

それでもインターネットがなかった時代であれば、ある程度は機能していただろう。しかし、いまやネットやアプリを使えばいくらでも自分のペースで、興味関心があることをとことん学習できる時代だ。いつまでも時代遅れのスタイルを続ける必要はない。

そして、なにより授業内容があまりに時代遅れだ。「これからの時代に求められるのは、自分の考えや意見を論理的に述べる能力」という話を聞いたことがあるだろう。でも、学校のテストでは相変わらず暗記力を問うものが中心だ。そもそも現代は、スマホが知識の〝外部記憶装置〟として活躍してくれる。

これからの時代により求められるのは、歴史の授業であれば武将の名前や単純な年号の暗記ではなく、事件の背景や脈絡を理解することである。

というより、この論調すらもう古い。ChatGPT（チャットジーピーティー）などの生成系ＡＩが進化したことで、記憶どころか単純な論理的思考も外部装置が代替してくれるようになったからだ。であれば、義務教育でもＡＩやネットを上手に利用する方法を教えたほうがいい。

それにもかかわらず、夏休みの自由研究や宿題で生成ＡＩの使用が禁止されているという。「読解力や考える力が養われない」「自分のためにならない」などが禁止の理由だそうだ。[※7] ナンセンスである。いまどき「自動車や自転車を使わずに歩け」とか「計算機を使わずに手計算しろ」と言っているようなものだ。

人間の脳のリソースには限界がある。記憶や単純な論理的思考などの退屈な作業は、高性能なスマホやＡＩに任せてしまえばいい。

そして人間はもっとクリエイティブなことに限られたリソースを割くべきだ。特に子ども時代は感性が大きく伸びる貴重な時期だ。**テストでしか使わないような知識を詰め込むのではなく、芸術に触れたり、興味のあることに没頭したり、遊びまくるべきなのだ。**

※7　山陰中央新報「生成AI、夏休み宿題で『使用禁止』　一部の中高で注意呼びかけ『考える力つかない』」（2024年8月3日）

義務教育の内容も時代やテクノロジーの変化に合わせてアップデートしないといけない。しかし現在の義務教育は長い年月をかけ、ひとつのシステムとして完成してしまった。だからそれに疑問を抱く人はほとんどいない。思考停止と前例踏襲という、日本人の悪しき気質のせいでもある。

そして私のように、既存のシステムに疑問を投げかけると「ホリエモンがまた突飛なことを言っている」などと奇異の目で見られてしまう。

しかし、本当におかしいのは、すでに時代に取り残されている義務教育のシステムに疑問を抱かないことだ。ただでさえ少子化で少なくなった子どもたちに、役に立たないことを学習させる意味などない。

子どもたちの未来を、そしてひいては彼らが担っていく日本の未来を考えると、現在の義務教育のあり方をいま一度見直す必要がある。

大学に行ってはいけない

義務教育だけでなく、大学に進学することの意味もなくなっている。何十年もまえであれば、大学は「高度な知識と教養を得るための、選ばれし者のための機関」であった。わざわざ進学する理由もあっただろう。

しかし、いまや大学全入時代と呼ばれ、希望すればだれでもどこかしらの大学に入学できるようになった。かつてはエリートの証しだった大学も時代とともに劣化し、だれでも行ける場所に成り下がったのだ。

「大卒でないと就職が不利になる」という意見があるかもしれない。しかし大学全入時代なのだから、採用する企業側も「大卒」という肩書きだけでは価値を見出さなくなっている。

その一方、大卒の学歴よりも実務スキルや即戦力となる人材を求める企業が増えている。**実際、人手不足に悩むいまの日本では、高卒の求人は増加傾向にある。特に実習経験のある工業高校や高専の生徒が人気だ。**

2024年3月末時点で、高卒の求人倍率は3・98倍とバブル期を超える過去最高を記録。大卒でも入社が難しい有名企業でさえ、技術職だけでなくオフィスワークでの高卒採用を増やしているほどである。※8

「大卒のほうが生涯年収は高い」という意見もあるだろう。たしかに統計上はその傾向が見られる。労働政策研究・研修機構の調べによると、学歴別の生涯賃金は次のとおりだ。※9

［男性］
高校卒業　2億5000万円
大学・大学院卒業　2億6190万円
［女性］
高校卒業　1億4960万円
大学・大学院卒業　2億1240万円

※8　読売新聞「高卒求人の争奪戦、工業高校は倍率20.6倍…人手不足で新たに高卒採用始める企業も」（2024年7月13日）
※9　労働政策研究・研修機構「ユースフル労働統計2022」（2023年1月25日）

このデータを見れば、高額な学費を払ってでも大学に進学したほうが得に思えるかもしれない。しかし、これは言うまでもなく平均値の話だ。さらに、あくまで現時点での数字であり、これから先の生涯賃金の差を示しているわけでもない。

むしろChatGPT（チャットジーピーティー）など生成ＡＩの発達によって、大卒のホワイトカラーの仕事のほとんどが淘汰《とうた》される可能性だってある。そう考えると、この平均値も少し先の未来では大きく変わっている可能性が高い。

そしていまや、わざわざ大学に進学しないと学べない内容もなくなった。特に文系の場合、授業内容は指定された教科書に書かれていることがほとんどだ。本当に学ぶ意欲があるなら、その教科書を自分で読んだほうが効率的である。しかも大学教授のほとんどは研究者なので、教え方が上手い教授のほうが少ない。

つまり、自習のほうがコスパもタイパもよっぽど優れているのだ。 もし教科書を読んでも理解できないのであれば、そんな人はそもそも高等教育機関である大学に行くべきではない。

ちなみに、第4章で触れた「情報の民主化」は、アカデミックの世界にも波及している。たとえばスタンフォード大学など世界屈指の名門校の講義がネットで開放されている。やはり、学ぶ意欲さえあれば、わざわざ進学する必要はないのだ。

多くの高校生が「やりたいことが不透明だから」「親のすすめで」「モラトリアム期間を楽しみたいから」「周りのみんなが行くから」「就職に有利だから」といった、あいまいな理由で大学に進学する。

しかし、ここまで説明したような状況を考慮すれば、大学進学は時間とお金の無駄な浪費にほかならないとわかってもらえるだろう。

研究者などアカデミックな世界での活躍を目指す人以外は、大学へ進学せずに働くほうが、コスパもタイパも圧倒的に優れているのだ。ほとんどの人にとって大学に行く必要はないのである。

Fラン大学には絶対行ってはいけない

いまや大学全入時代。望めばだれでも大学に進学できる。大学のインフレが起きているわけだ。その結果、Fラン大学が量産されてしまった。

Fラン大学とは偏差値の算出が不可能、もしくは偏差値35以下の最底辺の大学のことだ。「名前を書ければ合格できる」などと揶揄《やゆ》されている。

一部のFラン大学の授業内容は中学校レベルだという。英語のbe動詞の使い方。分数の掛け算。大学生がそんなことを教わっているのだ。高等教育の存在意義を根本から覆す光景だ。

勉強はできないが、「大卒」の肩書きは欲しい。そんな人がFラン大学に行く。でも行くな。絶対行ってはいけない。4年間という壮大な時間の無駄遣いだ。それだけではない。卒業後の人生も冴《さ》えないものになる。

はっきり言う。最終学歴が大卒であっても、Fラン大卒の場合はなんの箔にもならない。むしろマイナスだ。就職活動で苦労するのは明らかだ。「学力不足」「社会人としての基礎能力不足」と採用担当者は見なすだろう。Fラン大卒の肩書きのせいで門前払いされてもおかしくない。

多額の奨学金を背負っているFラン大生も少なくないはずだ。哀れだ。たいした就職先にはありつけない。となると、低賃金労働&奨学金返済の二重苦が待っている。

Fラン大学に悪いところはあっても、良いところはない。そこに存在意義を見出すのは不可能だ。

しかしこのFラン大学、これまで増加の一途をたどってきた。18歳人口のピークは1992年。この年の私立大学数は384校だった。そして1992年を境に18歳人口は一気に減少していくのだが、私立大学はそれと逆行して増え続けた。2023年時点で実に622校にのぼる。※10

学生数と大学数の完全なミスマッチのなかで、とうぜんブランド力のない大学の立場は厳しくなる。となると入試のハードルを下げて定員確保に走るしかない。かくしてFラン大学が量産されてきたのだ。

※10 文部科学省「学校基本調査 令和5年度」
文部科学省「中央教育審議会総会（第137回）会議資料」（2023年9月25日）

しかし、そうしたなりふり構わぬ大学の戦法も限界に達しつつある。現在、私立大学を運営する567法人のうち101法人が経営難に陥っており、再編や統合が避けられない情勢にある。[※11]

本来であれば、文部科学省が手綱をしっかり握るべきところだった。大学数を管理して、教育水準を維持する責任が文科省にはあったはずだ。でもそのまま放置してきたのである。なぜだろう。

大学・学部・学科の新設。各大学の定員数の設定。補助金の配分。文科省はそうした大学運営に関わる重要な認可権限を持っている。文科省官僚たちは私立大学に対してさまざまな便宜を図りながら、その見返りを得ていたのではないだろうか。

実際、2017年に発覚した「文部科学省天下り問題」では、多くの文科省官僚が利害関係のある大学に天下りしている実態が明るみに出た。[※12]

彼らにとって私立大学とは既得権益なのだ。Fラン大学が量産された最大の理由はそこにある。

文科省とFラン大学の罪は深い。「大卒」という肩書きにつられた学生を食い物にし

※11　日本経済新聞「私立大101法人『経営困難』　全国18%、再編・統合加速も」（2024年5月20日）

※12　日本経済新聞「文科省天下りで37人処分 最終報告、違法事案62件に」（2017年3月31日）

ているのだ。

大学自体の存在意義が揺らいでいるいま、ましてFラン大学に立つ瀬はない。統廃合をすみやかに進め、「Fラン大学」という言葉が過去のものになることを願っている。

Fラン大学に行ってはいけない。

大学数の推移

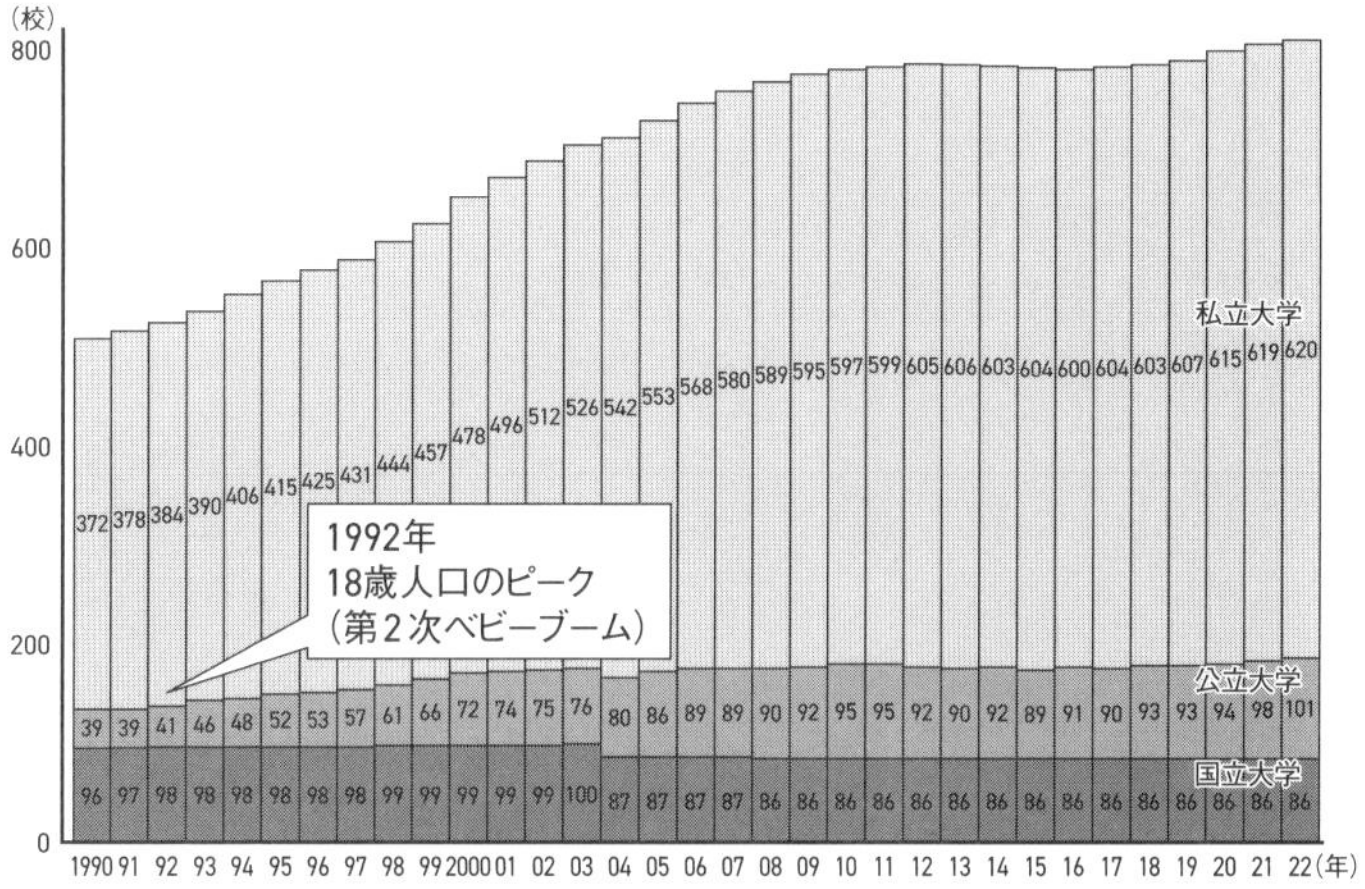

文部科学省「大学等進学者数に関するデータ関係」（2023年9月）より

「体育」の呪縛を解き、運動を楽しめ

いたるところでスポーツジムを見かけるようになった。健康ブームはすっかり定着し、いまや老いも若きもジムで汗をかいている。運動後の爽快感は格別だ。私もジム通いを欠かさない。

でもその一方で、「運動＝ツラいもの」「健康のために仕方なくするもの」と考える人もいまだに少なくない。

このネガティブなイメージの大きな原因は体育の授業だろう。事実、あるアンケート調査（全国の10〜70代の男女500人が対象）では、その半数以上が「体育の授業がきっかけでスポーツが嫌いになった経験がある」と回答している。[※13]

体育の授業では運動が苦手な子はバカにされがちだ。かたや運動神経のいい子はまるでスターのように扱われる。

※13 All Aboutニュース「『体育の授業』でスポーツが嫌いになった人は半数以上。『笑われた』『理不尽』トラウマ体験を聞いた」（2023年8月23日）

バスケをすれば運動神経のいい子にばかりパスが集まり、運動神経の悪い子はパスが来ないようにコートの端をうろうろするしかない。よーいドンで走らされれば、運動神経の悪い子はみんなから大きく引き離されてしまう。

強い子が勝ち、弱い子は負ける。その繰り返しだ。努力でどうこうなるものでもない。残酷である。といって逃げるのはNG。授業だから強制参加だ。運動が苦手な子は苦痛でしかないだろう。そのつらい経験が時にトラウマになるのだ。

本来、体育の目的は体を動かす楽しさを知ることにある。文部科学省の学習指導要領（小学校）にも「運動に親しむとともに健康の保持増進と体力の向上を目指し、楽しく明るい生活を営む態度を養う」と明記されている。

でも現実は違う。強制参加の体育は運動嫌いを生み出す。

運動のメリットは計り知れない。体力がつくし、なにより健康になる。さらに思考力や学習力が高まり、総合的な幸福感も向上する。WHO（世界保健機関）もそう指摘している。[※14]

そして運動は本来、最高の娯楽である。体を動かせば、生きているという実感を味

※14　WHO「Guidelines on physical activity and sedentary behaviour」（2020）

わえる。ボールを囲んで友だちと走り回れば、時間の経つのも忘れる。自分のペースで、気の合う仲間とやりたいようにやる。それがいちばんだ。

でも体育の授業ではそうはいかない。無理やり競争させられる。やりたくない種目をやらされる。マイペースは許されない。ほかならぬ体育が運動の喜びを奪うのだ。

私はトライアスロン大会によく出場する。でも練習はいっさいしない。つらい鍛錬はパス。いきなり本番に挑む。もちろんそれでは勝てない。でも勝つ必要はない。勝つために自分を追い込む人を尻目に、ただただ楽しませてもらっている。いわば運動の「おいしいとこ取り」だ。

体育のような息苦しい真似はしない。体育なんて人間のやることではないだろう。自由に走る喜び、自由にがんばる喜び。運動嫌いの人はそうした原点を見つめなおしてみてほしい。運動は人生を豊かにする。やらない手はないのだ。

「出会いの民主化」が「モテの格差」を拡げる

先述したとおり、現代は「情報の民主化」の時代だ。昔なら門外不出だった専門的な情報も、スマホとインターネットによってだれでも得られるようになった。さらに、これらのツールは情報の民主化のみならず、「出会いの民主化」も実現した。

スマホが普及するまえ、出会いの場は職場や友人の紹介が中心で、限られた選択肢のなかから相手を選んでいた。しかし、スマホとマッチングアプリの登場により、出会いのチャンスは劇的に拡大。いまでは星の数ほどいる登録者のなかから理想の相手を見つけることができる。

出会いの民主化で、だれもが平等に恋愛を謳歌《おうか》できるようになったはずだ。**しかしこれが皮肉な結果をもたらしている。「モテ・非モテの格差」が拡大しているのだ。**

内閣府の調べでは、20代独身男性の約4割がデート経験を持たないという。[※15]

※15 内閣府「男女共同参画白書 令和4年版」

また、国立社会保障・人口問題研究所の調べでは、18～34歳の未婚者のうち性交経験のある割合は男性が53％、女性が48％[※16]。この年代の約半数が童貞や処女ということだ。

かたやマッチングアプリで多くの出会いを得ている人もいる。つまり「行動力」がそのまま恋愛格差に直結するようになったのだ。

いま、出会いは完全に自由競争となった。弱肉強食の世界だ。そこに容姿や年収は関係ない。私の周りには、イケメンでも金持ちでもないのにモテまくる男たちがたくさんいる。彼らはフラれても気にしない。すぐ切り替えて次に進む。言うならトライアンドエラーだ。

失敗を恐れない行動力。それが恋愛強者になるためのたった1つの条件である。

マッチングアプリに登録し、清潔感のある身だしなみを心がけ、手あたり次第、連絡先を交換する。そしてあとはひたすらメッセージを送る。するとなかにはリアクションをくれる人が出てくる。そこから1人、2人はデートの誘いに乗ってくれるだろう。

※16 国立社会保障・人口問題研究所「第16回出生動向基本調査（結婚と出産に関する全国調査）」（2023年8月）

恋愛とビジネスは同じだ。ビジネスの成功者は必ずしも賢いわけではない。リスクを恐れず、失敗しても何度でも立ち上がり、挑戦し続ける人が結局は勝つ。

かたや、中途半端に賢い人はリスクを恐れ、行動をためらう。私はそうした人たちを「小利口」と呼んでバカにしている。リスクを恐れていてはなにもはじまらない。行動すればモテるし、行動しなければモテない。出会いの民主化はそれを加速させる。かくして「モテ・非モテの格差」はますます拡がっていくのだ。

いまや恋愛は非常にシンプルで公平なゲームになっているのである。

組版　キャップス
校正　鷗来堂
構成　加藤純平（ミドルマン）
編集　崔鎬吉

ブックデザイン　小口翔平＋畑中茜（tobufune）

堀江貴文

ほりえ・たかふみ

1972年、福岡県生まれ。実業家。

ロケットエンジンの開発や、スマホアプリのプロデュース、また予防医療普及協会理事として予防医療を啓蒙するなど、幅広い分野で活動中。会員制サロン「堀江貴文イノベーション大学校（HIU）」では、1,500名近い会員とともに多彩なプロジェクトを展開。

『ゼロ』（ダイヤモンド社）、『多動力』（幻冬舎）、『時間革命』（朝日新聞出版）、『2035 10年後のニッポン』（徳間書店）など著書多数。

公式サロン 堀江貴文イノベーション大学校

ニッポン社会《しゃかい》のほんとの正体《しょうたい》
投資《とうし》とお金《かね》と未来《みらい》

第1刷　2024年9月30日

著者　堀江貴文《ほりえたかふみ》
発行者　小宮英行
発行所　株式会社徳間書店
〒141-8202
東京都品川区上大崎3-1-1
目黒セントラルスクエア
電話　編集／03-5403-4344
販売／049-293-5521
振替　00140-0-44392
印刷・製本　株式会社広済堂ネクスト

ISBN978-4-19-865844-1